COURS COMPLET DE PEINTURE A L'HUILE

(*L'Art* — *La Science* — *Le Métier du Peintre*)

NATURES MORTES

PAR

Ernest HAREUX

Quarante-six gravures dans le texte — Deux hors texte.
Quatre fac-similés en couleurs.

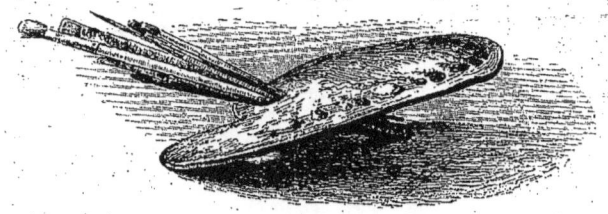

PARIS

LIBRAIRIE RENOUARD — H. LAURENS, ÉDITEUR

6, RUE DE TOURNON, 6

COURS COMPLET DE PEINTURE A L'HUILE

NATURES MORTES

COURS COMPLET DE PEINTURE A L'HUILE

L'ART — LA SCIENCE — LE MÉTIER DU PEINTRE

DIVISION DE L'OUVRAGE :

1re Partie. — **L'outillage.**	5e Partie. — **Marines.**
2e Partie. — **Natures mortes.**	6e Partie. — **Animaux.**
3e Partie. — **Fleurs, Fruits, Légumes et Gibier.**	7e Partie. — **Figures, Genre, Portraits.**
4e Partie. — **Paysages.**	

Chaque partie se vend séparément.

COURS COMPLET DE PEINTURE A L'HUILE
(*L'Art* — *La Science* — *Le Métier du Peintre*)

NATURES MORTES

PAR

Ernest HAREUX

*Quarante-six gravures dans le texte — Deux hors texte
Quatre fac-similés en couleurs.*

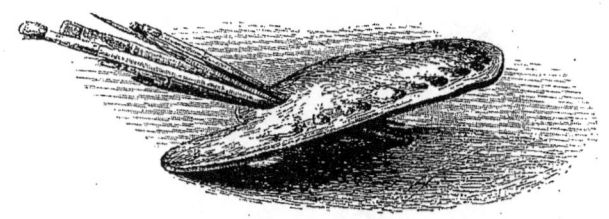

PARIS
LIBRAIRIE RENOUARD — H. LAURENS, ÉDITEUR
6, RUE DE TOURNON, 6

GROUPE DE POISSONS

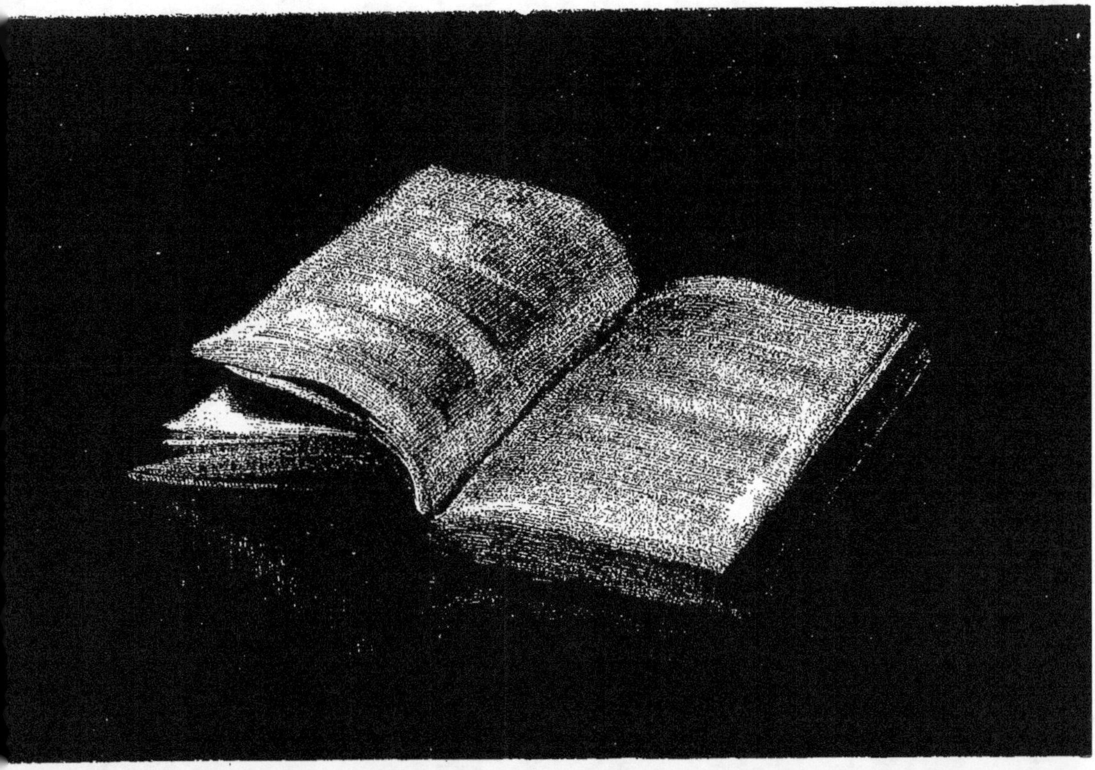

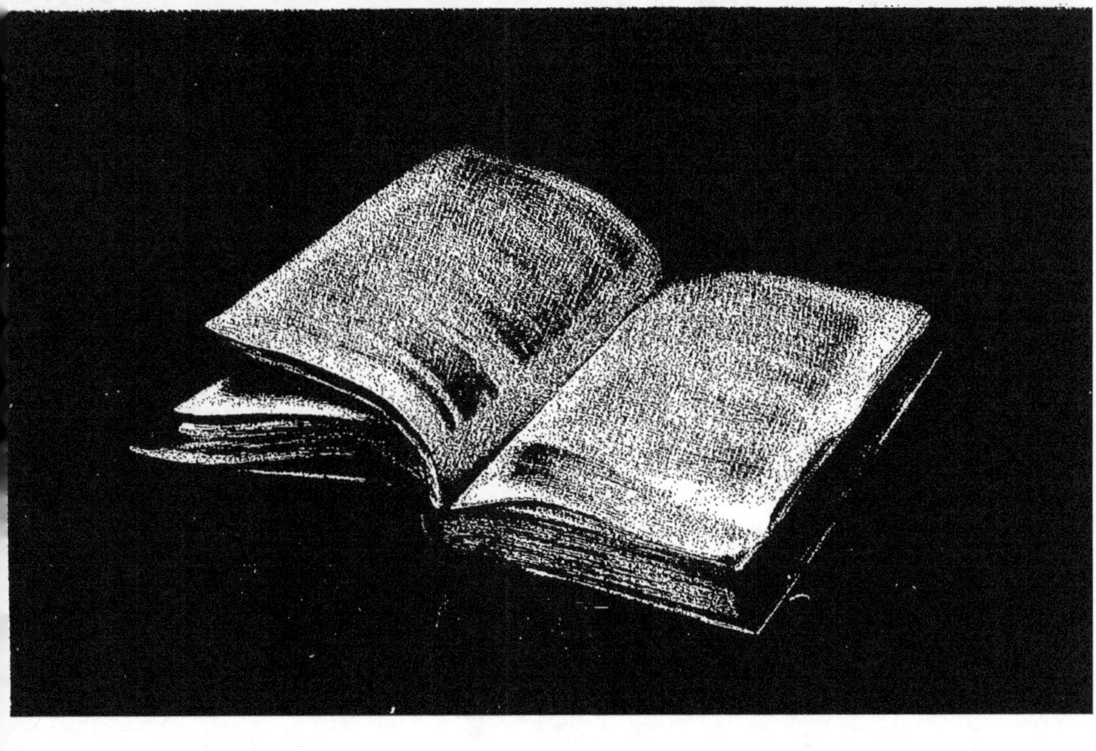

Manière de charger la palette. — Lorsque la première rangée des couleurs fondamentales aura été placée sur la palette, on déposera en dessous les tons composés, on aura soin de ne pas placer ce second rang trop près du premier ; il faudra laisser un intervalle de trois centimètres environ, afin de pouvoir toucher librement les couleurs et de ne pas être exposé à prendre, sans le vouloir, une couleur ou un ton qui n'ont pas à entrer dans la coloration qu'on recherche.

Composition des tons. — *Le violet foncé.* — Le premier ton à composer est un violet foncé. Il est inscrit sous le n° 16 sur la palette démonstrative. Prendre du bleu d'outre mer n° 1 et y ajouter de la laque ordinaire, en remuant le tout avec le couteau à palette, dit couteau droit. Il n'est peut-être pas inutile de dire en passant, que le choix d'un bon couteau à palette a une très grande importance, il faudra le choisir *très flexible* et très fin du bout, sans qu'il soit pointu. Mieux vaudrait cependant qu'il fut pointu que gros et rond.

Le violet qui vient d'être fait, doit être violet et non pas bleu. Pour s'assurer si la laque a suffisamment coloré le bleu, on prendra une petite partie du violet dans laquelle on ajoutera du blanc de zinc. Si le violet paraît être celui qu'on cherche on le séparera par moitié ; une partie du violet pur sera placé en second rang et à droite de la palette. On fera ensuite le second violet, en ajoutant du blanc de zinc par très petite quantité pour ne pas s'exposer à le faire trop clair ; il sera bon de le comparer à la planche explicative pour le produire de la même valeur, ni plus clair, ni plus foncé ; cela est surtout très important pour les tons qu'on va composer. Il ne faudra pas trop tenir compte du ton proprement dit ; il se peut que les couleurs à l'huile ne donnent pas ceux que montre la chromolithographie, attendu que les moyens mécaniques ne rendent pas toujours ce que le peintre désire.

Mais, si on a pris exactement les couleurs désignées pour faire les mélanges et surtout si on s'est bien appliqué à ce que ces mélanges forment des tons exactement de la valeur indiquée, on sera assuré d'un bon résultat. — Ce violet clair sera placé à gauche du violet foncé, ainsi que tous les tons qui vont suivre et dont il est indispensable de ne pas intervertir l'ordre. Cet ordre a sa raison d'harmonie puisqu'il est basé sur la loi des tons complémentaires.

Le bleu chaud n° 14. — Prendre du bleu d'outremer et y ajouter du blanc de zinc.

Le bleu froid n° 13. — Composer ce ton avec du bleu d'outremer, du vert émeraude et du blanc de zinc.

Le jaune n° 12. — Ce ton est un mélange de jaune indien et de blanc de zinc.

Le jaune orange n° 11. — Ce jaune est un composé de jaune de cadmium n° 3 et de blanc de zinc.

Le jaune citron n° 10. — Mélanger du jaune de cadmium avec du blanc de zinc.

Le vert n° 9. — Prendre du vert émeraude, de la laque ordinaire et du blanc de zinc.

Le vert n° 8. — Composer ce vert avec du vert véronèse, du jaune de cadmium n° 1 et du blanc de zinc.

Le rouge n° 7. — Mélanger du blanc de zinc et du vermillon.

Le rouge n° 6. — Prendre et mêler ensemble de l'ocre rouge et du blanc de zinc.

Le rouge n° 5. — Mélanger de la laque ordinaire et du blanc de zinc.

Le rouge n° 4. — Prendre et mélanger de la terre de Sienne brûlée et du blanc de zinc.

Le gris Van Dyck n° 3. — Ce gris est obtenu avec du brun Van Dyck et du blanc de zinc.

Le gris d'ivoire n° 2. — Gris composé avec le noir d'ivoire et le blanc d'argent.

Le gris émeraude n° 1. — Ce ton est composé avec du blanc de zinc, de la laque ordinaire et du vert émeraude.

Avant de donner des explications sur la manière de continuer l'étude d'un livre pour la terminer, nous allons donner quelques conseils sur l'emploi de certaines couleurs. Ces conseils compléteront ceux qui sont contenus dans la première partie de cet ouvrage.

Conseils sur l'emploi de certaines couleurs et sur la manière de composer les tons. — Nous l'avons dit déjà, la plus grande liberté est acquise pour composer les tons. Tous peuvent se faire semblables avec des couleurs différentes ; un seul exemple suffira pour l'expliquer : Quand on commence à peindre, on éprouve un grand embarras sur le choix et le mélange des couleurs dont se compose un ton. Si c'est un ton gris que l'on cherche, la première pensée est de prendre du noir et d'y ajouter du blanc, ce qui donne un gris. Mais ce ton ne peut servir à tous les tons gris qui varient à l'infini ; il faut donc employer d'autres couleurs pour obtenir des gris de toutes nuances : gris chaud, gris froid, gris-bleu, gris-rouge, gris-jaune, etc.

Sans vouloir nous étendre davantage, nous nous bornerons à dire qu'on obtient un gris très fin, très distingué, en le composant avec du *vert émeraude*, de la laque ordinaire et du blanc de zinc. C'est le vert que nous nommons gris émeraude n° 1.

Le bleu de Prusse. — Le bleu de Prusse est une couleur superbe, mais qui fournit d'une manière souvent gênante quand on n'en a pas encore l'expérience.

Lorsqu'en travaillant on a besoin de faire un ton où le bleu de Prusse semble indispensable, il faut apporter beaucoup de soin pour faire ce mélange. On croit n'avoir fait qu'effleurer la couleur et la brosse en est pleine, si pleine même, qu'un débutant est souvent obligé de prendre une autre brosse pour ne pas gâter toute sa palette. L'intensité colorante du bleu de Prusse est telle qu'une brosse neuve, trempée dans cette couleur, resterait bleue indéfiniment, et que cette coloration résisterait à tous les lavages.

Dans les ateliers, où la gaîté est de tradition, on impose aux nouveaux certaines brimades, nullement dangereuses d'ailleurs, et souvent fort amusantes pour les spectateurs qui ont été, eux aussi, les acteurs obligés de ces plaisanteries à leur entrée à l'atelier.

Parmi les différentes charges que l'on fait subir aux nouveaux venus dans les ateliers de l'École des Beaux-Arts, comme dans les ateliers particuliers, il y en a une qui consiste à faire battre en un duel sans danger deux de ces victimes.

Les deux champions ne devront être admis à l'atelier qu'après avoir subi l'épreuve de ce combat vraiment singulier.

Les combattants sont nus jusqu'à la ceinture et sont armés d'un appui-main tamponné d'une boule de chiffon, comme un fleuret moucheté. Chacun a près de lui une palette posée à terre, sur laquelle on a vidé un gros tube de bleu de Prusse, dans lequel on trempe la mouche de ce fleuret improvisé.

Les adversaires sont placés à la distance réglementaire d'un duel à l'épée, et, sur un signal du *massier* (on nomme ainsi celui qui organise l'atelier, paie les modèles et reçoit les cotisations des élèves), le combat commence; chaque fois qu'un combattant est touché par l'arme de son adversaire, il lui reste comme blessure, une touche de bleu de Prusse qui atteste que le coup a été reçu.

Peu à peu, les duellistes, excités par les cris d'enthousiasme de la galerie, s'échauffent; les coups se succèdent sans trêve, et bientôt ils en arrivent à négliger toute parade pour frapper uniquement sans se soucier des coups qu'ils reçoivent mutuellement. Alors commence une scène vraiment comique, le bleu de Prusse, dont une quantité grosse comme la tête d'une épingle, suffirait à peindre en beau bleu tout le torse de l'un des combattants, s'étale partout. Bientôt, on en vient au corps à corps.

C'est à pleine main, en prenant le bleu sur la palette, qu'on terrasse l'ennemi, en le couvrant de bleu et de ridicule. Car la figure n'est pas la partie la moins visée. La scène se termine dans la rue. Tout l'atelier escorte les victimes pour les mener au bain au grand étonnement des passants qui n'ont jamais vu de nègres de cette couleur.

Pour revenir à des choses plus sérieuses, et avant d'abandonner ce sujet, nous dirons encore, que malgré la beauté de ce bleu et la modicité de son prix, il ne devra être employé que rarement, car il a encore un autre désagrément, celui de changer rapidement de ton quand on ne sait pas l'employer.

De nos jours, les couleurs sont fabriquées par des moyens mécaniques qui permettent de les obtenir à bon marché, mais inférieures à celles que donnait le travail de la main humaine.

En outre, l'industrie a trouvé des matières colorantes dont le prix modique est obtenu aux dépens de la qualité. Elles s'altèrent rapidement et détruisent en peu de temps les meilleurs tableaux.

Les peintres d'autrefois ont évité ce fléau, en broyant eux-mêmes leurs couleurs, mais notre époque fiévreuse, où l'homme le plus actif est toujours en retard, ne nous permet pas de procéder à ces soins. De plus, l'éducation des artistes est presque toujours fort négligée. Sur ce point, nous devrons donc bien malheureusement nous en rapporter à la conscience des marchands, en laissant au hasard, le soin de conserver ou d'anéantir les tableaux que nous peignons. Cet état de choses dure depuis longtemps déjà et chacun sait que bon nombre des chefs-d'œuvre de l'école romantique, tel que : *le Radeau de la Méduse*, de Géricault, sont en partie détruits et ont été, à force de réparations, presque repeints en entier, et cependant cette époque de 1830 est relativement proche de nous.

Le bleu de Prusse ne devrait pas être frelaté, à cause de son peu de valeur ; mais, malgré tout, il ne faut l'employer qu'avec une très grande circonspection, notamment dans la composition des tons verts quand il est mélangé avec un jaune.

La composition chimique de ces deux couleurs ne s'accordant pas, il s'ensuit que le bleu absorbe entièrement le jaune qui noircit et disparaît pour faire place à un ton affreux.

Le bleu de Prusse employé pour peindre un ciel, donne un ton d'une finesse et d'une profondeur qui tente tous les peintres, mais avec un peu de pratique, on reconnaît vite que son emploi est pernicieux, car le bleu verdit rapidement et détériore les tons auquel il est mêlé, surtout lorsqu'on s'en est servi dans les colorations claires.

Le véritable emploi du bleu de Prusse, sans danger immédiat, est dans les tons foncés, tels que les noirs qu'on obtient en le mélangeant à la laque de garance foncée, mais malgré la beauté évidente de cette couleur, nous conseillons de ne pas s'en servir.

Le bitume. — Le bitume est une couleur fort séduisante, qui rend les ombres transparentes, et donne, quand il est mêlé au blanc d'argent, un ton gris chaud et superbe, ainsi qu'un aspect d'émail fort séduisant.

Cette couleur est devenue d'un usage général depuis que Munkaczy, par ses belles œuvres, l'a remise à la mode. L'école actuelle l'a bannie de sa palette avec raison. Son emploi exagéré donne au tableau un aspect général jaune et rance, surtout en vieillissant.

Donc, nous le disons avec assurance : *N'employez pas de bitume.*

Cette couleur qui ne sèche pas par elle-même, se casse, se fendille et tombe en éclats, comme le verre cassé, quand on y ajoute du siccatif.

Nous avons observé que les tableaux, où cette couleur était employée, noircissaient très vite, et que, lorsqu'on voulait les rouler pour les transporter, les parties peintes avec le bitume n'adhéraient pas à la toile, séchaient séparément et n'étaient retenues que par les autres tons qui, n'ayant pas de bitume dans leur mélange, avaient séché en prenant corps avec l'apprêt de la toile. Au moindre pli, les parties peintes à base de bitume, ou au bitume seulement, se détachaient et tombaient en morceaux, se pulvérisant comme du verre.

La laque jaune de Gaude. — La laque jaune de Gaude est aussi une couleur très belle, mais nous l'avons retranchée de notre palette pour des raisons analogues à celles qui nous ont fait bannir le bitume.

La laque jaune de Gaude ne sèche pas seule et elle noircit en peu de temps.

On la remplacera par le jaune indien.

Le vert Véronèse. — Le vert Véronèse a le même inconvénient ; il faut en employer le moins possible et avoir soin de se servir de blanc de zinc quand on y ajoute du blanc.

Le jaune de cadmium. — Le jaune de cadmium remplace avantageusement le jaune de chrome qui noircit et verdit en peu de temps.

Il est vrai que le jaune de cadmium coûte beaucoup plus cher que le chrome.

Règle générale : Toutes les couleurs fines et bien broyées coûtent cher, et il y a toujours un réel avantage à prendre les meilleures avec lesquelles on est certain de garder les études qu'on a peintes.

Emploi du siccatif dans les couleurs. — Le siccatif est indispensable pour certaines couleurs qui sèchent difficilement.

Les laques, principalement, sont des couleurs qui ne sèchent pas, ou qui mettent, pour sécher, un temps beaucoup trop long. On a donc recours au siccatif dans l'emploi de ces couleurs. Lorsqu'on se sert de laques, sans les mêler à d'autres couleurs, comme par exemple, pour peindre des fleurs, où l'on est obligé d'arriver à des laques pures pour glacer certains tons dans les rouges intenses, voici la composition d'un liquide que nous recommandons aux artistes :

Mettez un tiers d'huile de lin dans deux tiers de siccatif; placez ce liquide près de vous, et employez-le, chaque fois que vous aurez besoin de faire un ton dans la composition duquel il n'entrera pas de blanc.

N'employez jamais de siccatif pur ; il ferait fendiller la peinture très rapidement.

Avant d'expliquer comment on reprend une ébauche pour la terminer, il nous faut encore donner quelques conseils indispensables sur l'observation des tons complémentaires. Cette science des tons complémentaires est de toute utilité pour apprendre à donner de l'éclat aux colorations et harmoniser l'ensemble.

Le rouge est la couleur complémentaire du *vert*.
Le bleu   »   »   *jaune-orangé*.
Le jaune   »   »   *violet*.

Nous ne ferons qu'un aperçu rapide sur la loi des tons complémentaires, des savants plus autorisés l'ont formulé mieux que nous ne saurions le faire et nous renvoyons le lecteur à ces ouvrages s'il désire approfondir la question.

Ce simple résumé suffit, nous en sommes convaincus, pour faciliter les recherches de l'harmonie quand on compose un tableau.

En principe, nous dirons ceci : On donne de l'intensité et de l'éclat à un ton rouge en l'accompagnant d'un ton vert de moindre importance et réciproquement.

Le même effet s'obtient en accompagnant un ton bleu avec un ton jaune-orangé ; enfin on active l'éclat d'un ton violet en le plaçant à côté d'un ton jaune.

On obtient le même effet inversement.

Il faut donc observer que le ton complémentaire qui accompagne un autre ton doit toujours être moins vif, car s'il luttait d'intensité, il en résulterait une couleur discordante du plus mauvais effet.

Le ton qui est complémentaire n'étant que l'accompagnateur de la note que l'on veut faire chanter, doit toujours être doux et s'effacer pour donner de l'harmonie au chant sans jamais vouloir accaparer l'effet.

Nous aurons l'occasion de fournir d'autres explications sur ce point quand nous donnerons nos conseils sur la manière de peindre les fleurs.

Manière de reprendre une étude pour la terminer. — Quand on reprend une étude ébauchée pour la terminer en y ajoutant les détails de chaque partie, voici ce qu'il convient de faire : L'ébauche est généralement *embue*, mate ; les parties les plus foncées sont devenues grises et ternes et la justesse des valeurs a disparu. Pour les faire revenir, on prend une brosse plate, en soie, large de deux centimètres environ, on la trempe légèrement dans l'huile de lin et on en frotte doucement toute l'étude. Après avoir procédé à cette opération, si, comme cela se produit souvent, on a mis trop d'huile, il faudra l'essuyer légèrement avec un chiffon bien propre, sans l'enlever complètement cependant et de manière à ce qu'il reste toujours un peu d'huile, ce qui facilite l'exécution définitive.

L'exécution. — On doit toujours terminer d'abord les parties les plus éloignées quand on reprend l'étude pour la finir.

Dans une nature morte, cette partie c'est le fond, comme dans un paysage, c'est le ciel et l'horizon.

Voici quelles sont les raisons qui obligent à commencer par cette partie :

Il faut toujours que les bords d'un objet qui se trouve avant un autre soient peints après celui qui le précède.

Exemple: Si on peignait le fond après avoir peint les feuillets du livre, les bords, c'est-à-dire les endroits où le fond borde et touche les feuillets auraient une épaisseur de couleur qui empêcherait la perspective. Le fond aurait l'air d'être posé sur le livre et le livre semblerait rentrer dans le fond, au lieu d'en saillir. Donc le fond se peindra légèrement, sans épaisseur de pâte et par une multitude de tons de même valeur, une sorte de martelé, de mosaïque.

On observera que le ton doit être tenu légèrement, imperceptiblement, plus clair au bord des objets qui semblent dégager un rayonnement, une sorte d'auréole appréciable seulement pour les initiés. Le fond étant peint de la sorte, il en résultera *une enveloppe*, qui donnera de l'air et creusera le fond.

Cette auréole donne une impression de mystère d'où se dégage l'illusion qui charmera le spectateur, sans qu'il se doute d'où vient l'attrait.

On ne doit jamais voir la facture, et pour cela, il faut, quand le fond est terminé, que les tons soient passés les uns dans les autres, afin qu'ils se fondent sans devenir un ton unique.

Pour obtenir ce résultat, voici comment il faudra opérer : on se servira d'un pinceau de martre plat, large de un ou deux centimètres. On le trempera dans l'essence de térébenthine contenue dans le pincelier, qu'on a eu soin de placer près de soi. Lorsque le pinceau sera plein d'essence, on l'aplatira sur une partie de la palette qu'on choisira à cet effet bien sèche et bien propre. Ce mouvement servira à rectifier l'alignement des poils.

Quand on se sera assuré de leur parfait état, on passera ce pinceau *très légèrement* sur la couleur fraîche. L'essence contenue dans le pinceau empêchera les poils d'entraîner la couleur et d'y adhérer, les tons se fondront en passant doucement les uns dans les autres et les épaisseurs de couleur disparaîtront.

Il est indispensable de laver le pinceau après chaque coup donné et de rectifier l'alignement des poils, car la plus petite partie de couleur qui resterait collée aux poils s'étalerait au second coup et brouillerait tout.

Quoique cette opération soit très délicate et demande une grande sûreté et une grande légèreté de main, elle sera bien vite apprise, surtout si l'élève s'exerce d'abord sur les fonds comme nous le prescrivons.

Cette opération préparera à devenir habile pour adoucir les touches sur les parties les plus délicates, où il faut être fort adroit pour ne pas déformer, perdre le dessin et le contour des objets.

Le fond étant peint, on continuera immédiatement pendant que la couleur est fraîche, en exécutant la table et en commençant par la partie qui touche le fond. Les tons foncés seront posés les premiers. Pour dessiner l'ombre sous la couverture du livre, il faudra procéder par *glacis*, en cherchant la transparence; pour y réussir il ne faudra pas employer de blanc dans les tons d'ombre, le blanc rend les tons lourds et opaques.

La table étant en bois de chêne poli, les tons environnants viennent s'y réfléchir comme dans un miroir. Il est facile de comprendre que le fond gris-jaune du mur, donne un ensemble neutre en se réflétant parmi les tons du bois et que la table n'a son ton propre que vers le milieu, puisque, devant le livre, le bois poli perd sa couleur propre en prenant celle même du livre dont il reflète tous les tons clairs, d'une façon indécise pourtant.

Quand on peindra la table, il conviendra d'employer des brosses longues de soies et très souples, ou, mieux encore, de larges pinceaux de martre qui donneront une facture souple et grasse.

Il faudra employer peu de couleurs, peindre lisse, sans épaisseur, sans rugosités et donner les touches horizontalement dans le sens du fil du bois.

Le ton s'obtiendra avec les couleurs suivantes : *ocre jaune, terre de Sienne brûlée, noir d'ivoire, jaune indien, vermillon* et *blanc d'argent* ou *de zinc*.

On terminera le dessus de la table en peignant les reflets du livre dans le sens, c'est-à-dire verticalement.

Quand ils seront terminés, on passera les tons légèrement dans le sens horizontal avec le pinceau de martre rempli d'essence, comme il a été dit pour le fond.

Cette facture croisée donnera une transparence très grande.

On peindra ensuite l'épaisseur de la table, dont l'arête vive prend un filet clair par lequel on terminera.

Ce ton clair doit être posé sans retard, pendant que l'étude est fraîche. Si on le remettait après coup, on obtiendrait une raie sèche qui, ne se fondant pas avec le reste, serait du plus mauvais effet.

Il faut, avant toute chose, observer les *valeurs*. Nous reviendrons plus tard sur cette recommandation dans un chapitre spécial, mais nous pensons qu'il est utile d'avoir immédiatement une théorie invariable sur l'intensité de l'ombre quand elle est près de la lumière, comme celle placée sous la couverture du livre qui nous sert de démonstration.

Plus une ombre est courte, plus elle est foncée.

Il y a deux raisons évidentes pour le prouver ; la première, c'est que l'ombre étant courte, il n'y a pas de place pour un reflet.

Exemple : Lorsqu'on observe sur un terrain, l'ombre portée d'une maison éclairée par le soleil, si cette observation se fait à midi, quand le soleil est très haut au zénith, l'ombre, qui est très petite, est en même temps très vigoureuse. Mais, si on regarde cette même ombre trois heures plus tard, alors que le soleil ayant encore autant de force, commence cependant à descendre vers l'horizon en allongeant les ombres de tout ce qu'il éclaire, on verra que l'ombre de la maison, s'étant étendue, sera devenue plus transparente, plus claire.

Voici la raison de ce changement : Les parties de terrain que le soleil éclaire, renvoient une réflexion de cette lumière qui éclaire à son tour les ombres et qu'on nomme *reflet ou clair obscur*. Donc, ce reflet éclaire la muraille qui se trouve dans l'ombre, et cette muraille renvoie à son tour le reflet qu'elle reçoit, sur l'ombre, portée par elle sur le terrain.

D'où il résulte que l'ombre est plus transparente et plus douce au pied du mur, et plus forte, plus opaque, à mesure qu'elle s'en éloigne.

Dans l'étude du livre qui nous occupe, bien qu'il n'y ait pas de soleil, il est aisé de comprendre cependant que la grande lumière éclairant l'atelier, se reflète dans l'ombre qui sert de fond à notre Nature morte. Il en résulte une transparence qui n'existe pas dans l'ombre courte qui se trouve sous la couverture.

Règle générale : Les ombres des objets placées près de la lumière sont plus vigoureuses que le fond dans un tableau de Nature morte.

La seconde raison de la brutalité d'une ombre courte, c'est qu'elle est circonscrite dans un entourage lumineux qui la fait paraître plus dure, par l'opposition des valeurs claires [1].

Lorsqu'on peint le livre, il faut commencer par les feuillets dans l'ombre, par ce qu'on nomme la tranche. Quand on a placé le ton le plus foncé et la large demi-teinte qui le modèle, on ajoute le petit ton clair des feuillets en se servant du pinceau à filets et en employant à cet effet la couleur très liquide.

[1] Nous dirons plus tard ce qu'il faut observer pour qu'une ombre très foncée placée dans la lumière semble enveloppée et reste bien au plan qu'elle occupe, tout en satisfaisant à la théorie de la lumière qui dit : « Il ne peut y avoir que de la lumière autour d'une lumière. »

Quand on veut obtenir une ombre très foncée à côté d'une lumière très claire, ou un dessin de détail très noir sur un ton presque blanc, il faut que ce détail soit peint pendant que le ton blanc est encore frais. Si on procédait après coup, quand la couleur est sèche, on n'obtiendrait rien de bon; le rendu serait d'un aspect sec, dur. On verrait immédiatement que le ton a été remis après; on laisserait deviner le procédé et c'est ce qu'il faut éviter.

Le procédé ne doit jamais se laisser voir. — Quand on doit peindre un détail très foncé sur une partie claire et fraîchement peinte, on y parvient facilement, même si la partie claire est peinte avec empâtement, en se servant du pinceau à filets et en employant la couleur excessivement liquide.

Lorsqu'on aura peint les différentes parties de l'épaisseur ou tranche du livre, on terminera cette étude en exécutant les pages ouvertes et en observant que les touches de la brosse soient bien données dans le sens du dessin, c'est-à-dire en rond pour la page de gauche et dans une inclinaison presque horizontale pour la page de droite qui est presque plate, quoique légèrement froissée.

Les parties les plus claires se remettront ensuite et termineront définitivement cette étude.

Lorsqu'on reprend une Nature morte pour la terminer, on doit penser tout d'abord à profiter le plus possible de l'ébauche, en tenant compte des valeurs qui sont souvent très justement observées et qu'il faut s'efforcer de conserver, tout en poussant plus avant l'exécution.

Les parties principales, celles qui motivent le tableau, doivent être rendues de façon qu'on reconnaisse la matière de chaque chose.

Il faudra donc trouver des factures différentes pour peindre chaque objet. La parfaite correction du dessin facilitera beaucoup ces recherches.

Il ne faut naturellement pas peindre du bois, du marbre, du bronze, de la pierre, etc., comme on peindrait des fleurs, des étoffes et autres objets souples et légers. L'exécution sera plus sèche et plus lisse pour du marbre que pour du bois.

Elle devra être très légère, sans épaisseur de couleur, pour représenter des fleurs et tout à fait transparente et mince pour de la mousseline.

On peindra plus lourdement, c'est-à-dire avec plus de pâte, du velours et du drap, que de la toile ou de la soie.

En observant ces différentes manières d'exécuter, on évitera l'égalité de facture qui est toujours d'un effet désagréable.

Il ne faudra empâter que quelques parties et dans les lumières seulement, se souvenant qu'il ne faut jamais empâter les ombres.

On évitera soigneusement que la touche laissée par la brosse reste visible. Il ne faut pas que l'on puisse dire : Cette partie a été peinte avec une brosse plate, celle-là avec une brosse ronde, etc.

Enfin, nous le répéterons sans cesse : Le procédé devra toujours rester invisible, sous peine d'enlever ce charme mystérieux qui existe dans un tableau bien fait.

Les objets de couleurs intenses, comme il s'en trouve souvent parmi les bibelots de curiosités, sont très difficiles à observer au point de vue des valeurs; ils ne diffèrent souvent que par la couleur. Il faut donc une grande habitude d'observation pour les mettre justement en *valeur* les uns par rapport aux autres. C'est la raison qui nous fait recommander aux débutants de peindre des objets de tons peu colorés, comme le livre qui nous sert de démonstration.

Au contraire, quand on commence à peindre, on cherche de préférence les objets très colorés pour essayer de copier les tons; mais cet assemblage de couleurs vives, traité par un débutant inhabile, donne presque toujours un ensemble peu harmonieux. On pense généralement en commençant à peindre qu'on est coloriste né, parce que l'on aime à peindre des couleurs éclatantes. C'est une erreur profonde; car on prouvera bien mieux qu'on est coloriste en peignant avec succès des objets de tons semblables ainsi que l'ont fait certains maîtres, se plaisant à jouer avec l'énorme difficulté qui consiste à grouper, pour les peindre, des objets de couleurs semblables, des vases, des étoffes, des fleurs, etc.

Avant de continuer nos conseils sur la manière de peindre les Natures mortes, nous allons expliquer le sens de différents termes d'atelier, qu'il est indispensable de connaître dès qu'on veut commencer à peindre.

Explication des valeurs. — Si on a justement appelé le dessin l'orthographe des formes, on peut aussi justement affirmer que la valeur est l'orthographe des tons.

La science du dessin et la connaissance exacte des valeurs sont les bases fondamentales de la peinture. Elles doivent être l'objet d'études constantes.

Celui qui veut peindre devra observer à chaque moment les objets qui l'environnent en comparant les différents degrés de blanc ou de noir qui existent entre eux.

Exemple : Si on regarde une statuette de plâtre, il est aisé de comparer la valeur des ombres par rapport au fond placé derrière et de s'assurer lequel des deux est le plus foncé. C'est ce qu'en terme d'atelier on nomme chercher *les valeurs*; mais cette observation devient très difficile, quand on observe des objets de même couleur dont la valeur n'est quelquefois pas appréciable, comme il s'en trouve sur une table servie où certains objets en porcelaine blanche posés sur une nappe blanche ne se distinguent que par la différence de leur coloration, bleuâtre, jaunâtre, rosée ou violette.

Il faut, dans ce cas, une grande habitude d'observation pour se rendre compte des valeurs ; aussi cette étude est-elle un véritable plaisir pour les initiés, car le succès les récompense des difficultés qu'ils ont eu à vaincre.

Cette étude qu'on appelle chercher la rencontre des valeurs, donne, quand on y réussit, une grande finesse de ton et une absolue distinction à la peinture.

Tous les paysagistes connaissent et recherchent cette difficulté pour les raisons que nous venons de définir.

Ils ont d'ailleurs souvent l'occasion de l'étudier, particulièrement lorsqu'ils peignent des murailles au soleil, où se trouve toute la gamme des blancs lumineux très souvent de mêmes valeurs ne variant que par le ton.

Les valeurs sont encore difficiles à trouver quand elles viennent combattre l'effet.

Exemple : Un vase décoré de fleurs en relief et peintes dans le ton qui leur est propre, comme il s'en rencontre dans la faïence et la barbotine, deviendra une étude embarrassante. En effet, le vase étant éclairé de gauche à droite, il se trouvera des tons foncés dans la lumière que la couleur vive des fleurs viendra gêner et il se rencontrera également des tons très clairs dans l'ombre, qui viendront empêcher le modelé si la valeur n'en est pas exactement observée.

Les débutants qui se livrent à l'étude des valeurs, éprouvent des surprises très grandes et sont toujours vivement intéressés en constatant que pour poser un ton juste de valeur, il leur arrive de peindre dans l'ombre des tons qui paraissent blancs quand ils sont en place, et qui, sur la palette semblaient excessivement foncés.

Ce ton paraît blanc parce que la relation des valeurs a été très justement observée.

Tout le secret de l'illusion dans la peinture repose sur deux difficultés: *le dessin et les valeurs.*

Sans un dessin parfait et surtout sans la grande justesse des valeurs, il n'y a pas de tableau supportable.

La couleur n'existe pas réellement. — Il est prouvé que les yeux de chacun ont une conformation particulière, d'où il résulte que nous voyons les couleurs chacun d'une façon différente. Cette manière de voir existe surtout quand il s'agit de tons très doux, comme dans ceux qui sont d'un gris-rose, gris-vert ou gris-bleu, etc... Il est rare, en effet, de trouver des yeux assez mal conformés pour ne pas distinguer le bleu du jaune ou

COURS COMPLET
DE PEINTURE A L'HUILE

NATURES MORTES

Natures mortes. — Il n'entre pas dans le cadre de cet ouvrage de rechercher les origines de la peinture à l'huile et de discuter avec tous les auteurs qui se sont occupés de cet art, si l'invention de ce procédé est due aux frères Van Eyck, peintres flamands; ou bien si Jean Van Eyck a tout simplement eu l'idée de cuire l'huile, qu'on employait non cuite pour l'emploi des couleurs.

Selon Paillot de Montabert, Jean Van Eyck, dit Jean de Bruges, n'est pas, comme l'ont dit et répété tous les auteurs qui se sont occupés de la peinture et des peintres, l'inventeur de la peinture à l'huile, il n'aurait fait que la perfectionner; « Mais, ajoute-t-il, si le secret de Jean de Bruges n'eût consisté que dans le mélange pur et simple des couleurs avec l'huile de lin ou de noix, Antonello de Messine ne se fût pas donné la peine de faire un long voyage jusqu'en Flandre, ni plusieurs démarches astucieuses pour surprendre ce secret à Van Eyck. Aujourd'hui, le premier venu peut peindre à l'huile, s'il sait seulement qu'avec certaines couleurs il faut mêler de l'huile cuite, afin qu'elle sèche; mais il peindra mal et aura besoin de leçons s'il ne sait pas qu'il faut des teintes glutineuses qui restent diaphanes dans l'état sec, etc... et que l'addition des résines contribue à cet effet. Ce n'est pas le temps seulement qui a procuré, ainsi qu'on l'a dit, cette diaphanéité et cet émaillé qui distinguent les ouvrages de Jean Van Eyck, ainsi que cette dureté et ce poli qui firent de ses tableaux, comme des espèces d'émaux, presque indestructibles, c'est l'emploi ingénieux de certaines substances. Tel est le mérite de cet artiste comme novateur. »

Il est nécessaire, à tous ceux qui veulent pratiquer l'art de peindre, de se renseigner sur la technique de cet art au point de vue chimique, et il devient indispensable aux jeunes peintres de connaître à fond les procédés par lesquels on prépare les couleurs. Il serait même préférable de revenir aux anciens usages et de préparer soi-même ses produits, afin de savoir exactement ce qui entre dans leur composition. On reviendra certainement à cette méthode, car il est incompréhensible qu'on puisse ne pas s'émouvoir davantage en constatant les ravages du temps sur les chefs-d'œuvre modernes. Il ne restera rien de l'École française qui a cependant produit tant de belles choses depuis 1830 jusqu'à nos jours. Tout ce qui a été peint pendant ces cinquante dernières années, est destiné à une destruction irrémédiable.

Tout d'abord, il faut se méfier des huiles et des siccatifs, ce sont les rongeurs de la peinture. Il faudrait pouvoir peindre sans liquide, car ce qu'il y a de plus mauvais dans la peinture à l'huile, c'est l'huile. L'huile est à la peinture, ce que l'hyposulfite est à la photographie. Pour bien peindre, d'une façon durable s'entend, il ne faudrait pas employer l'huile ; aussi tous les peintres modernes cherchent-ils la solution de ce grand problème. C'est ce qui a fait éclore tant de procédés nouveaux dont la peinture mate sur toile absorbante est un des meilleurs quoiqu'il ait l'inconvénient de manquer de transparence dans les ombres et qu'il ne soit réellement pratique que pour des tableaux de plein air. Voici ce que dit Paillot de Montabert au sujet des procédés de la peinture à l'huile : « Le grand inconvénient attaché au procédé de la peinture à l'huile, c'est que l'huile qui sert à liquéfier et à fixer les couleurs, s'assourdit et s'obscurcit avec le temps, en sorte qu'elle ternit, flétrit et même noircit les matières colorantes qui lui sont confiées. En effet, les bruns, opposés par glacis, deviennent quelquefois absolument noirs, à raison de la carbonisation de l'huile qui a été appliquée par plusieurs couches assez fluides sur ces parties brunes du tableau. Un autre inconvénient de ce procédé, c'est que les couleurs manquent de transparence, parce que l'huile, parvenue à son état solide et concret, ne forme pas un gluten suffisamment translucide, capable de faire valoir les couleurs et d'exprimer les effets aériens par l'effet de l'absorption des rayons du jour à travers ce gluten. Voici un exposé succinct du caractère chimique de la peinture à l'huile :

« L'huile est un composé d'hydrogène et de carbone ; sa tendance naturelle à se combiner avec l'oxygène de l'atmosphère et à absorber la lumière, lui fait subir une combustion lente et presque imperceptible, qui ne diffère essentiellement de l'effet ordinaire du feu que par le temps que cette combustion exige. Les résultats de cet effet chimique sont de plusieurs degrés. Le premier résultat de cette absorption est une résine plus ou moins noire. Successivement elle perd son hydrogène, qui forme une combinaison nouvelle, et, par suite, elle perd son oxygène qui se réunit au carbone. C'est cette couche très fine de carbone qui noircit à la longue les plus beaux tableaux à l'huile. En poussant plus loin cette analyse, on observe le second degré de combustion qui est le carbone même, lequel, étant toujours frappé par l'air et par la lumière, attire l'oxygène de l'atmosphère, forme de l'acide carbonique et s'en dégage ensuite à l'extérieur, ce qui donne aux tableaux cette apparence poudreuse que l'on aperçoit quelquefois.

« Après avoir considéré les effets qui résultent de l'influence réciproque de l'air et de l'huile, il faut examiner quelles sont les combinaisons de l'huile avec les couleurs qu'elle enveloppe.

« Les cendres ou chaux métalliques, employées dans la peinture, ne sont que des métaux plus ou moins oxygénés. Pendant la combustion dont nous parlons, l'huile leur enlève une partie de leur oxygène et la substance reprend sa couleur naturelle et son ancien caractère métallique. Les oxydes de plomb, de fer surtout, se désoxydent par le simple contact de la lumière, et prennent différentes teintes noirâtres, etc., etc.

« De ces principes incontestables, il résulte qu'on ne peut espérer qu'un effet passager et trompeur de l'emploi de l'huile dans les couleurs des tableaux. Ainsi, puisqu'elle est la cause constante et permanente de l'obscurcissement des couleurs mêlées avec elle, quelque addition que l'on fasse d'autres substances qu'on regarde comme conservatrices ou neutralisantes, et telle combinaison de superposition que l'on imagine, l'huile tendra toujours à se carboniser par son contact avec l'atmosphère, avec la lumière même et avec les substances colorées qu'elle enveloppe. »

Voilà le procès de la peinture à l'huile, jugé et sans appel possible, car tous les chimistes concluront de même que l'auteur cité plus haut. Mais de là à insinuer que l'on abandonne la peinture à l'huile pour revenir à la peinture à l'œuf des anciens, ou bien à l'encaustique ou à la peinture à la gomme, il y a loin; même s'il était prouvé que les anciens procédés se conservaient mieux, ce n'est pas suffisant pour qu'on renonce à la peinture à l'huile qui a fait concevoir tant de chefs-d'œuvre admirés depuis des siècles. Mais Paillot de Montabert a raison de nous montrer le côté défectueux d'un procédé qui serait parfait sans cet inconvénient.

Connaissant le péril, l'artiste s'efforcera de l'éviter, et quant à ceux qui ne recherchent dans la peinture qu'une distraction, comme la pêche ou la chasse, il importe peu qu'ils emploient ceci ou cela et que leurs productions noircissent plus ou moins quand elles seront reléguées dans les greniers de leurs héritiers.

Considérations sur les différents genres de peinture. — Tous les genres sont également beaux et tous les sujets peuvent émouvoir le spectateur, s'ils sont bien rendus.

Le *bien rendu* ne consiste pas uniquement dans une exécution parfaite, l'*exécution* n'est même que secondaire, et l'artiste peut impressionner très vivement, même s'il est inhabile, pourvu qu'il soit convaincu, sincère, consciencieux, et qu'il mette toute son âme au service de son art. Daubigny, le fin et délicat paysagiste, nous disait souvent : « On ne peint pas avec la main, on peint avec son cœur ! »

Ce que nous avançons est tellement vrai, que chacun sait combien les esquisses des maîtres, et souvent celles des amateurs, sont intéressantes. Ces esquisses inachevées se nomment en terme d'atelier des *pochades* ; elles sont la première manifestation de la pensée de l'artiste qui cherche à fixer son rêve.

Le vague des indications a un charme infini pour les dilettantes dont l'imagination aime à compléter ce que l'artiste a omis, faute de temps ou de science.

Le public, en général, aime les tableaux de genre, les tableaux épisodiques, les tableaux de bataille. Il s'attache avant tout au sujet, et comment pourrait-il en être autrement ? Son éducation artistique n'étant pas même commencée, il ne s'attache qu'à ce qui l'amuse, par l'*effet* ou l'étrangeté. Le précieux aussi l'intéresse vivement ; ce petit côté de l'art qu'il nomme le fini, le séduit plus que tout. Pour lui, la meilleure peinture serait celle où il pourrait compter les cheveux d'un personnage et distinguer la trame de l'étoffe dont il est habillé. Il n'y a rien à dire à cela ; tous ceux qui s'occupent d'art ont commencé par cette erreur dont leur bon goût, la fréquentation des artistes, les visites aux expositions, dans les musées et les critiques savantes qu'ils ont lues, les ont vite détournés.

L'école moderne a dû longtemps lutter pour faire admettre qu'il faut peindre ce qu'on *voit* et non ce qu'on *sait être*, tant l'art de peindre était autrefois conventionnel. Ce fut une véritable révolution quand un maître osa montrer la roue d'une voiture en marche, en indiquant seulement un ton général sans détailler nettement chacun des rayons de la roue, invisibles d'ailleurs dans le mouvement rapide.

Les Natures mortes, le *Genre*, les *Portraits*, voire même *les Fleurs* et *les Animaux*, sont des tableaux préférés pour les raisons qu'on vient de lire. *Le Paysage* et *les Marines* sont des tableaux moins captivants pour les masses. Ils ont leur public presque spécial.

Voici une anecdote qui expliquera ce que nous venons de dire : Un jour que nous proposions à un marchand de tableaux, une petite toile, représentant un effet de crépuscule par une pluie d'hiver (Paysage des environs de Paris), il nous répondit :

« C'est très bien peint, mon ami, et très vrai d'impression, mais comment voulez-vous que je fasse acheter ceci à mes bourgeois, ils n'y comprendront rien ! A cette heure-là et par un effet semblable, ils sont tous à table ou pelotonnés au coin de leur feu, ils n'ont jamais observé ce moment de la journée, ou s'ils l'ont fait, comme c'est bien malgré eux, ils s'écrieront : Quel vilain temps! on ne mettrait pas un chien à la porte, brrrr... Qu'il fait humide et froid, je ne voudrais pas avoir cela chez moi pour rien ! »

Et ils ont raison ces ignorants; leur répulsion même est un éloge involontaire.

Cette classe du public dont nous vous entretenons, est plus nombreuse qu'on ne pense, et si elle aime quelquefois le paysage, c'est bien *le* paysage et non *les* paysages!

Il lui faut un certain genre, toujours le même, composé et peint de la même façon, représentant la même heure et le même effet; tous les autres lui déplaisent.

Quand on pense à l'énergie qu'il a fallu aux maîtres modernes, Corot, Daubigny et Courbet, pour se faire admettre par de tels ennemis, on est pénétré d'admiration pour leur persévérance autant que pour leur immense talent.

En résumé, nous le répétons, tout genre peut atteindre au beau et même au sublime, s'il est traité avec art. Le grand peintre Millet l'a dit avec son incontestable autorité :

« Qui donc pourrait affirmer que dans certain effet et certain milieu, une pomme de terre est inférieure à une orange? »

Considérations sur l'art de peindre les Natures mortes. — Quoique la Nature morte ne tienne pas la première place dans l'art de la peinture, nous commençons nos conseils par ce genre que nous recommandons vivement aux commençants. Tous doivent peindre des Natures mortes; c'est indispensable pour apprendre à exécuter, quel que soit le genre auquel on désire se consacrer exclusivement dans l'avenir.

La qualité indispensable dans la peinture des Natures mortes, c'est l'exécution franche, hardie, brillante et facile; elle ne s'obtient qu'avec une grande pratique.

Certains grands peintres s'y sont spécialisés, et ont laissé des chefs-d'œuvre. Parmi les plus illustres, nous citerons d'abord Chardin, le célèbre peintre français, qui vécut de 1699 à 1779, et dont le musée du Louvre possède quelques beaux tableaux. Chardin a apporté dans l'art de peindre les Natures mortes, une manière toute nouvelle et une personnalité incontestable. Il a osé simplifier ce qu'il voyait, résumant et synthétisant les détails pour ne se préoccuper que de l'ensemble. Aussi ses tableaux ont-ils cette enveloppe, ce relief, cet aspect de vérité, dont la peinture moderne a tant profité.

Un des premiers, Chardin, a compris l'air ambiant; il circule dans ses toiles une atmosphère qui fait illusion; il semble qu'on peut passer la main entre les objets qu'il nous montre et le fond qui les entoure.

Nous reviendrons sur ce sujet quand nous ferons des comparaisons pour nos démonstrations.

Un peintre de Natures mortes d'un grand talent, qui fut contemporain de Chardin et dut s'en inspirer sans le copier, c'est Roland de la Porte (né en 1661, mort en 1743) qui débuta par faire des animaux, et qui, ayant obtenu du succès en peignant des Natures mortes, s'y consacra définitivement.

Une de ses plus belles œuvres, exposée au Louvre, est une Nature morte, composée supérieurement : Un vase de lapis d'une très belle exécution et aussi un cahier de musique dont la facture étonne, aussi bien qu'une feuille de papier à musique, enroulée avec tant de vérité que le critique le plus exigeant, reste confondu et ne peut qu'admirer. La cornemuse d'ivoire et les autres accessoires sont aussi merveilleusement traités. Malgré tout le talent déployé dans cette œuvre, où le pittoresque le dispute à l'effet et où l'exécution a atteint le summum du brio, les yeux admirent sans que l'âme soit prise.

L'étonnante facilité de l'ouvrier ne place cependant cet artiste qu'en seconde ligne dans la hiérarchie des peintres de Natures mortes de cette époque dont Chardin est le maître inimitable.

Il faut beaucoup d'études et une connaissance approfondie de la peinture pour comprendre l'art de Chardin.

Nous ne voulons pas entreprendre ici une œuvre de comparaison sur différentes écoles, ni assigner des places à chaque artiste; cependant il nous a paru indispensable au cadre que nous nous sommes tracé, de dire comment et pourquoi tel peintre a été supérieur à tel autre.

Comme il a été dit au commencement de ce chapitre, l'exécution est la qualité principale, celle à laquelle on s'attache d'abord dans l'art de peindre des Natures mortes. Cette qualité, au point de vue de l'art pur, n'est cependant que secondaire; ce qui doit tout primer, c'est le sentiment et la poésie, l'exécution vient ensuite.

Chardin excelle dans l'art d'*envelopper* les objets qu'il peint; sa peinture est simple et son exécution passe presque inaperçue; on est pris tout entier par le charme exquis qui se dégage de ses œuvres dont on voit l'ensemble, avant de voir les détails, et ce n'est qu'après avoir éprouvé un sentiment de bien-être qui réjouit les yeux qu'on se demande à soi-même : Pourquoi est-ce beau ? — Alors on examine de plus près pour juger de l'exécution, et l'on ne peut en trouver le secret, tant elle est dissimulée et subordonnée à l'ensemble.

Pour les profanes, Chardin est bien inférieur à Roland de la Porte qui est un exécutant brillant, un virtuose subtil, mais pour les délicats, les dilettantes, cet art, tout d'exécution, est aux antipodes des régions supérieures où plane l'art de Chardin qui poétise les objets les plus communs, des pots, des casseroles ou des oignons.

Parmi les peintres modernes qui ont poussé l'art de peindre des Natures mortes aux dernières limites de la perfection, nous citerons d'abord : Philippe Rousseau et Vollon, morts tout récemment, puis Desgoffe. Nous pourrions citer encore nombre d'artistes de talent en ce genre, mais nous ne voulons parler que de ceux qui ont une note personnelle et sont en leur genre, des chefs d'école.

Philippe Rousseau a été un artiste de grand talent, il a peint des panneaux décoratifs, représentant des fables de La Fontaine où les animaux et les Natures mortes sont admirablement rendus.

Les animaux, surtout les oiseaux et les singes, ont été peints superbement par cet artiste. Tous les connaisseurs d'art ont admiré « l'*Alchimiste* », cette étonnante composition qui représente un singe, en train de souffler le feu et qui fait éclater une cornue.

Il a fait aussi des tableaux de fleurs admirables de ton et d'arrangement; enfin, il fut un grand maître dans le genre des Natures mortes, auquel il se consacra principalement.

Sa facture souple, large, simple, riche de ton, bien portante et honnête, se rapproche de celle de Chardin, sans la copier, et si son œuvre possédait la poésie et le superbe agencement de lignes qui caractérisent si bien le maître Chardin, on peut affirmer que Philippe Rousseau l'aurait égalé.

Parmi le nombre considérable de tableaux de Natures mortes, peints par ce maître moderne, il en existe un très connu qui représente et symbolise les *Confitures*. Sur une table de cuisine se trouvent disposés tous les objets indispensables à la confection de ce délicieux dessert; tout y est peint supérieurement, les pots, les balances, les prunes surtout, le pain de sucre enveloppé de papier bleu, dont la note blanche est si juste de ton et de valeur.

On pourrait dire que Rousseau a été le peintre des tons blancs, tant il y a excellé.

Aucun peintre n'a rendu comme lui les différentes colorations des blancs; c'était là une étude qui intéressait particulièrement ce maître. Il a peint très souvent des Natures mortes composées entièrement d'objets blancs : papier, linge, porcelaine, verres, vases d'argent remplis de morceaux de glace, fromages blancs, etc.

Parmi les peintres modernes, Antoine Vollon est un artiste de premier ordre et un exécutant hors ligne : ce jongleur extraordinaire se joue des plus grandes difficultés et aborde avec un égal succès : les Paysages, les Marines, les Figures et les Natures mortes. Il est principalement connu pour ce dernier genre, auquel il doit ses premiers succès.

Le tableau d'armures et de curiosités, qu'il exposa au salon de 1868, le plaça au premier rang des peintres de Natures mortes. Ce tableau, actuellement au musée du Luxembourg, doit être consulté par tous ceux qui se consacrent à la peinture. Cette superbe toile leur enseignera mieux qu'aucune description toutes les qualités qu'il faut s'efforcer d'acquérir, composition, exécution, dessin.

Vollon, ce maître incontesté, doit sa grande facilité d'exécution à une science très approfondie du dessin et des *valeurs*, jointe à un sentiment très délicat de la couleur. Ce n'est pas, à proprement parler, un coloriste, c'est un harmoniste fin et distingué. Son exécution est brillante, étincelante même. Aussi, pour y parvenir, ses procédés sont-ils multiples; il ne dédaigne rien de ce qui peut l'aider à rendre le tissu de l'objet qu'il peint, se servant alternativement pour son travail, de pinceaux, de brosses, de couteaux, employant même le doigt tout simplement ou la paume de la main, et tout cela avec une virtuosité et un art qui rendent le procédé invisible. S'il peint un chaudron de cuivre, il en montre l'aspect brillant, dur, poli; on a presque la tentation de frapper dessus, tant il semble bien un objet résistant, nous pourrions même dire, sonore; si c'est un poisson, il sait en faire valoir les aspects différents; sa facture nous fait saisir d'un coup d'œil les parties fermes, comme le dos, les ouïes, etc. Les parties molles, comme le ventre, les nageoires, sont peintes d'une manière différente, qui donne bien l'apparence d'une chose-flasque. On devine, que sans peine, on pourrait y enfoncer le doigt.

Quel que soit l'objet, choisi par Vollon, fût-ce le plus commun, il le peint avec tant d'art et de suprême distinction qu'il le rend aimable et distingué. C'est encore une des rares qualités de ce maître qui les possède presque toutes au même degré, et comptera un jour parmi les plus grands de notre époque.

Avant de commencer nos conseils sur la manière de peindre les Natures mortes, nous voulons encore citer un artiste de ce genre, bien qu'il ne vienne qu'après Vollon, et même après bien d'autres moins célèbres. Nous ne pouvons passer sous silence cet ouvrier remarquable, dont l'exécution extraordinaire est la principale qualité. Desgoffe (Blaise-Alexandre) peint spécialement, comme Natures mortes, les objets précieux qui composent les collections du Louvre, tels que : buires, aiguières, armures, coupes, camées, pierreries, etc.

L'exécution est pour Desgoffe la qualité essentielle; il s'y complaît, s'y absorbe entièrement. Son talent ne manque certainement pas de distinction, le ton de ses œuvres est souvent délicat et le dessin toujours correct, mais cet art tout d'exécution, devient parfois secondaire, car il semble sans émotion.

La volonté de tout montrer dans les objets qu'il représente entraîne souvent cet artiste à dépasser le but et à perdre de vue les qualités primordiales d'un tableau bien conçu.

L'objet en lui-même est toujours bien exécuté, mais l'ensemble manque de *tenue*, d'enveloppe et de parties sacrifiées, aussi malgré un réel talent, le tableau est-il souvent peu agréable à regarder parce que l'imagination ne peut s'y donner libre cours.

Nous aurons l'occasion de dire dans un chapitre spécial, comment l'exécution doit être comprise, et pourquoi l'imitation n'est pas le but unique que l'artiste doit viser, mais simplement un moyen qui lui sert à traduire sa pensée.

Il y a encore un artiste de beaucoup de talent, dont nous croyons utile de parler ici, quoique le genre où il semble se spécialiser et l'importance qu'il donne à ses figures ne le désigne pas absolument pour être classé parmi les peintres de Natures mortes. Néanmoins nous le classerons momentanément parmi ces derniers, où on peut dire qu'il occupe une des premières places. C'est de Joseph Bail que nous voulons parler. Bail a depuis longtemps déjà gagné tous ses grades, en nous montrant particulièrement des chaudrons et des objets en cuivre d'une intensité de lumière telle, qu'on a la sensation de voir du métal et qu'on oublie la peinture devant cette extraordinaire exécution.

Il nous a paru intéressant de demander à ce savant et obligeant confrère quelle était, selon lui, la meilleure manière de diriger ses études pour un jeune artiste qui cherche encore sa voie. Voici la lettre qu'il nous a adressée en réponse à cette question :

« Monsieur et cher confrère,

« C'est avec grand plaisir, mais non sans être un peu embarrassé que je réponds à votre demande de m'expliquer sur la meilleure manière de diriger ses études, pour un jeune artiste qui cherche encore sa voie.

« Pour moi, l'on cherche et l'on doit chercher à étudier toute sa vie. Mais cependant je pense que l'on doit surtout s'inspirer de la nature, quel que soit le genre que l'on fasse, sans en être l'esclave et en l'interprétant avec son sentiment, mais ne jamais se croire assez fort pour se passer d'elle. Par exemple, vous pouvez faire un chaudron de cuivre vingt fois de suite, si vous l'avez devant les yeux vous le ferez de vingt manières différentes, car toujours vous y découvrirez du nouveau. Mais si vous le faites, en vous croyant assez fort pour vous passer de la nature, vous en ferez une chose sans intérêt, comme vous feriez votre signature, c'est-à-dire toujours la même chose.

« Mais je crois que le meilleur principe, c'est d'avoir la passion de son métier, observer, travailler beaucoup et aller souvent dans les musées. »

On voit par la lecture de cette lettre que l'exécution ne doit préoccuper l'artiste que dans la mesure où elle lui sert pour traduire ce qu'il ressent devant la nature, mais qu'il faut toujours qu'il ait recours à elle pour trouver l'inspiration. Avoir toujours la nature pour guide ne veut pas dire la copier servilement, comme un certain élève de Corot, qui, en copiant un dessin de son maître, avait été si consciencieux, qu'il avait imité une tache d'huile. Le grand paysagiste lui fit observer : *que quand il copierait la nature, il la verrait sans tache.*

Avant de commencer nos démonstrations sur la manière de peindre un livre d'après nature, nous prévenons le lecteur que cette étude étant

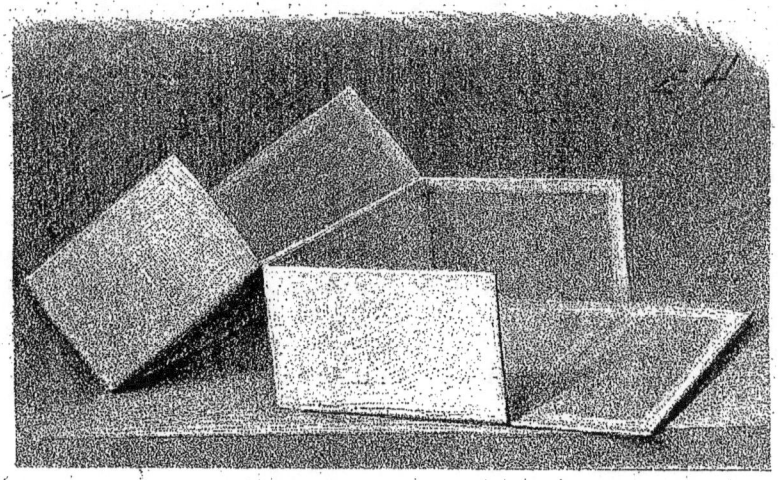

Etude d'objets carrés.

déjà un peu difficile pour les personnes qui n'ont jamais essayé de peindre, il lui sera utile lorsqu'il aura lu nos démonstrations de s'appliquer à copier les quatre planches que nous donnerons en suivant nos recommandations sur l'emploi des couleurs.

Ce n'est qu'après s'être familiarisé avec les couleurs et les outils par cette copie préalable que les élèves placeront eux-mêmes, sur une table, un livre à peu près semblable à celui qui est représenté par nos chromolithographies et qu'ils travailleront d'après nature, en relisant les descriptions qui vont suivre, chaque fois qu'ils se trouveront arrêtés par une difficulté ou par un manque de mémoire.

Choix des objets qu'il est préférable de peindre au début. — Lorsqu'on veut apprendre à peindre, il est de toute nécessité pour les commençants de choisir des objets de formes droites, carrées ou rectangulaires, tels que : livres, boîtes, cartonnages, etc.

Ce choix a pour but de familiariser l'élève avec la perspective des lignes fuyantes qui lui apprendront à donner du relief aux objets.

Après quelques études de ce genre, on devra continuer par des objets de formes rondes dont la perspective est plus difficile à exprimer comme

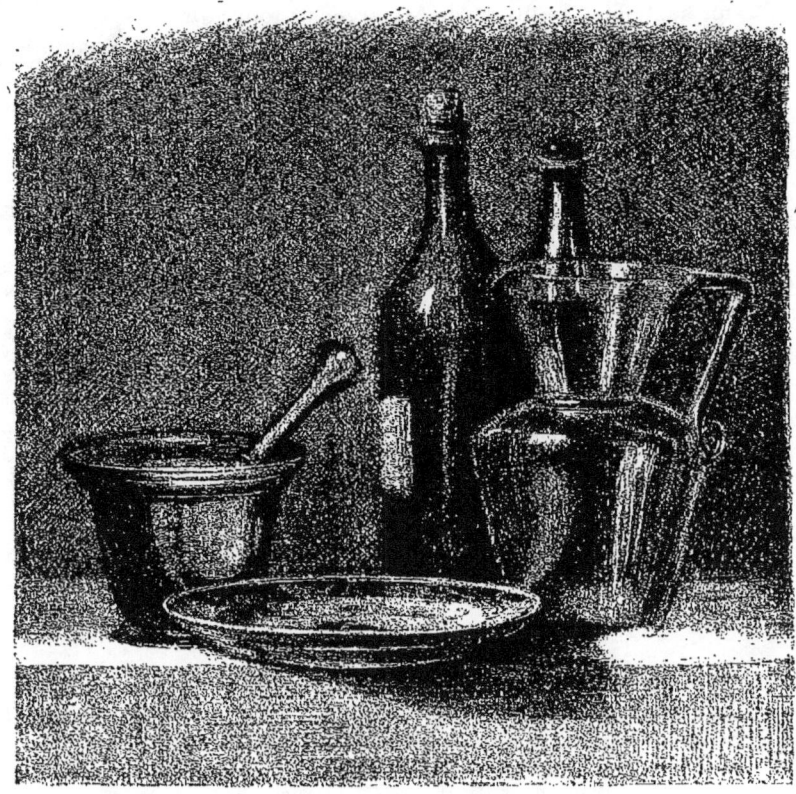

Étude d'objets ronds.

la forme des assiettes, des plats ronds ou ovales, des bouteilles, des vases, etc.

Ici, nous ferons une recommandation très importante à l'élève. Il lui faudra s'habituer à copier chaque objet dans sa grandeur naturelle quand il le peindra isolément. C'est le meilleur moyen de se familiariser avec les proportions, puisqu'on peut comparer directement avec la nature en mesurant exactement la copie avec l'original.

Nous recommandons particulièrement à cet effet de peindre un objet seul, car chacun sait que les objets placés derrière les autres se rapetissent en s'éloignant de l'œil du spectateur et qu'il faut une certaine habitude des comparaisons pour les mesurer et leur donner leurs proportions relatives.

Ces études étant déjà plus difficiles, on commencera donc par peindre un seul objet, un livre, de préférence à tout autre.

Ce livre sera placé sur une table quelconque, plutôt haute que basse.

La table trop basse a l'inconvénient de donner une perspective montante d'un effet peu agréable en montrant les objets vus du dessus.

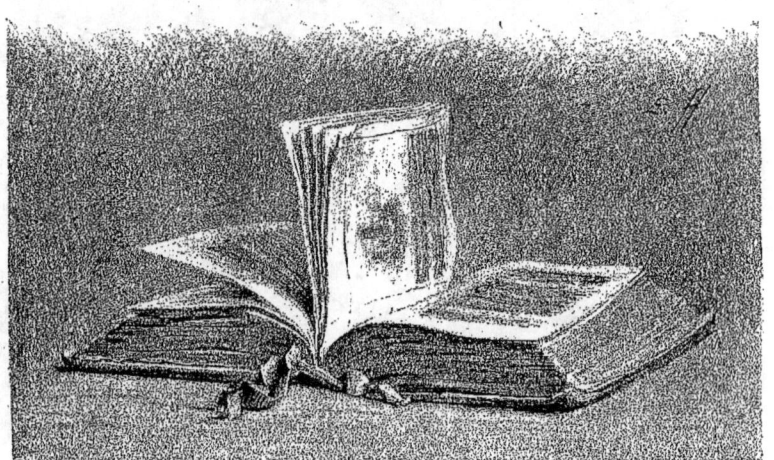

Etude d'un livre.

La lumière éclairant les objets sera choisie venant de gauche à droite, car c'est le meilleur mode d'éclairage pour travailler; c'est aussi le plus commode pour bien voir les tons sur la palette.

Si l'on se plaçait en sens contraire, la main qui travaille porterait une ombre gênante sur la toile et sur la palette.

Le chevalet doit être éloigné d'une distance trois fois égale à la plus grande dimension des objets qu'on veut peindre. C'est le recul nécessaire pour bien voir l'ensemble et les proportions de chaque objet.

Si, à défaut d'atelier spécial, on travaille dans un appartement, on devra se placer près d'une fenêtre et de manière à lui tourner un peu le dos, afin que la lumière vienne sur les objets qu'on veut peindre, ainsi qu'il est dit plus haut.

La fenêtre sera masquée d'en bas, à la hauteur d'un mètre environ, au moyen d'un rideau opaque, afin de donner un jour plus franc, en

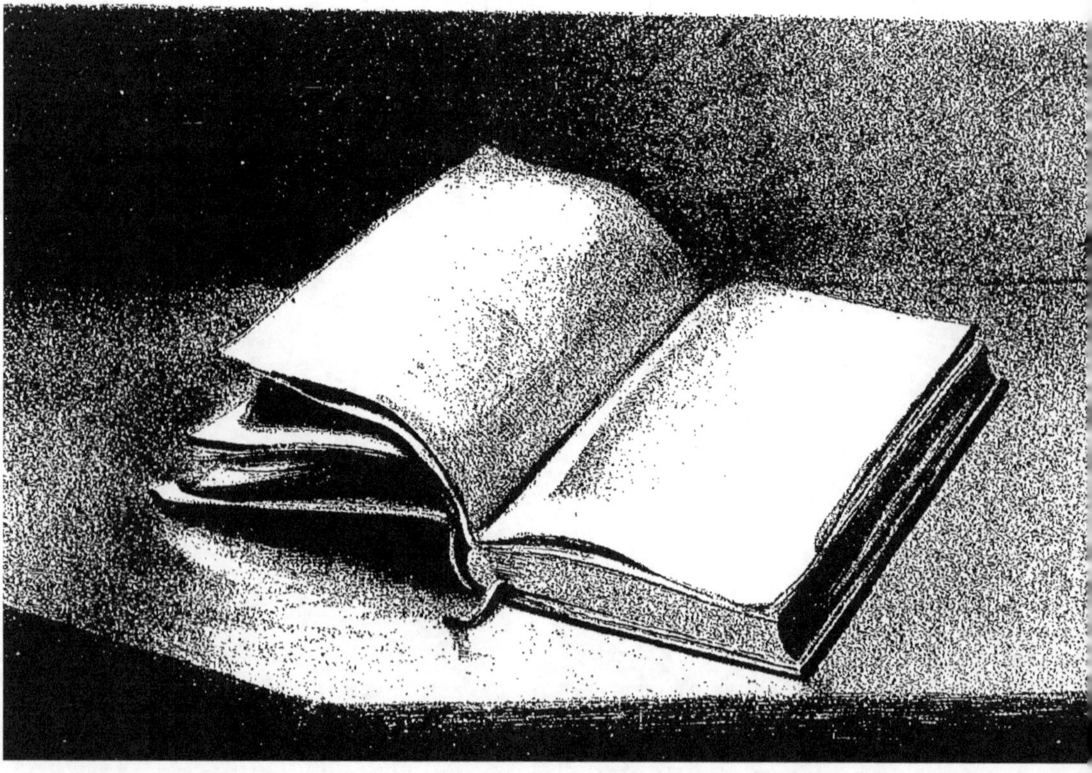

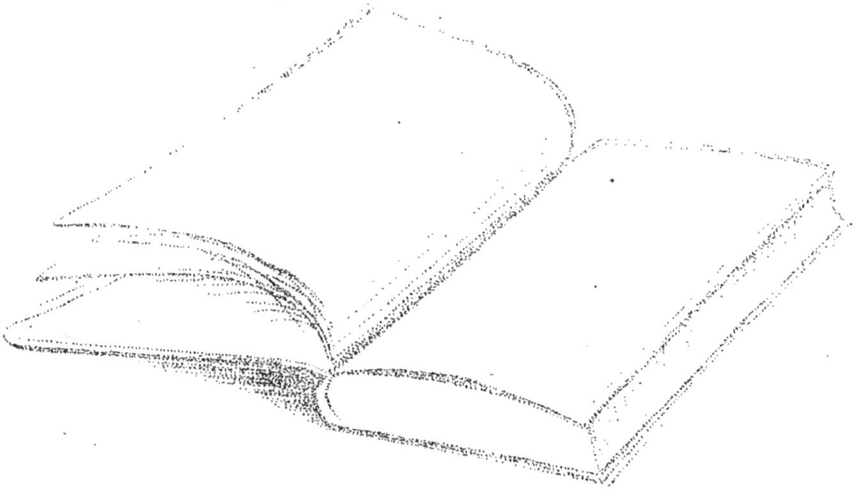

localisant la lumière, ce qui donne aussi plus d'effet aux ombres, qui, en s'accentuant, se dessinent plus nettement et rendent plus facile l'exacte copie.

Il est inutile de dire que si la pièce choisie pour travailler est éclairée

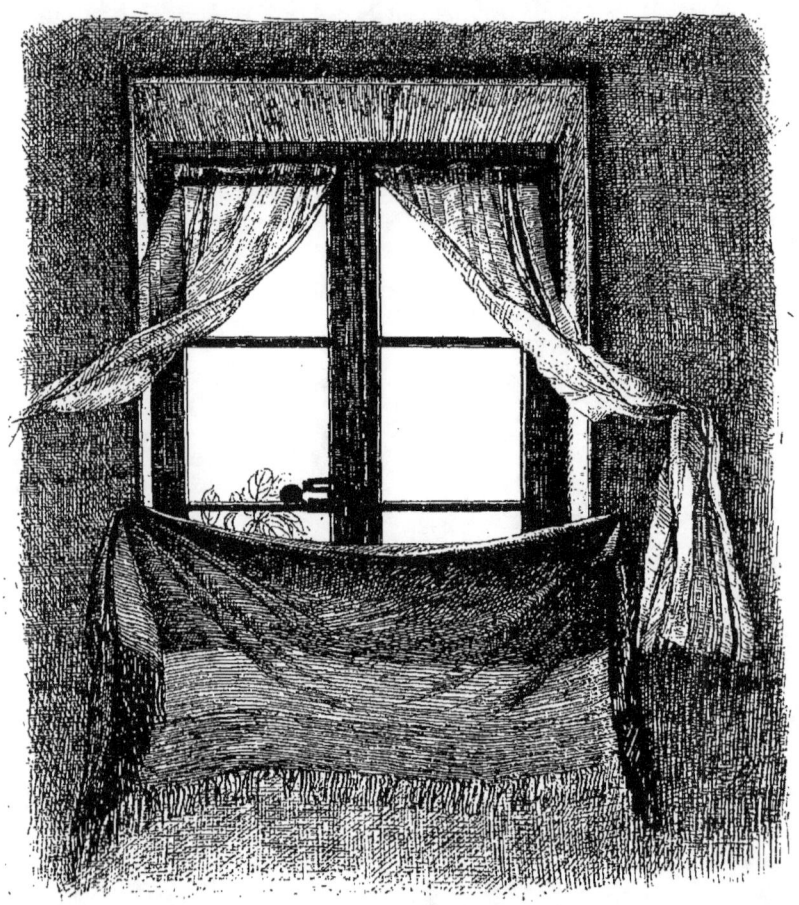

Disposition de la fenêtre.

par plusieurs fenêtres, il faudra fermer complètement les volets de celles dont on ne se servira pas, afin d'en intercepter toute lumière.

Placé comme il vient d'être dit, le panneau ou la toile, préalablement apprêté d'un ton gris ou blanc, sera solidement fixé au chevalet et légèrement incliné en avant.

On commencera à dessiner très largement avec un morceau de craie ou de fusain, afin de disposer son dessin d'une façon convenable. C'est ce qu'on nomme *mettre en toile*, comme il sera expliqué dans un chapitre spécial.

On dessinera ensuite avec un fusain en massant les ombres comme on le ferait pour un dessin qui devrait rester dans cet état.

Ce procédé a l'avantage de montrer si les proportions sont exactes ; de plus, la craie et le fusain s'effaçant facilement, permettent de faire des corrections.

Avant d'aller plus loin dans nos conseils, nous prions le lecteur de s'assurer, lorsqu'il choisit une toile, un panneau, un carton ou une feuille de papier préparée pour peindre, que l'apprêt, c'est-à-dire la couche de peinture étendue sur la toile, le panneau, etc., soit bien sec et peint depuis longtemps.

Cela se fait en enfonçant l'ongle légèrement dans l'apprêt ou en le grattant.

Si l'apprêt est suffisamment sec, il est assez dur pour que l'ongle n'y puisse pas pénétrer, et il se désagrège en poussière quand on le gratte.

Si, au contraire, il n'est pas sec, il est mou et poisseux.

Un apprêt qui n'est pas assez sec a l'inconvénient de faire noircir la peinture en peu de temps, ce qui détériore tous les tons clairs, qui perdent leur finesse en devenant d'un jaune rance.

Ce mauvais état de l'apprêt a aussi le désagrément de donner un *embu* général, très désagréable à voir, qui empêche la continuation de l'étude tant qu'elle n'est pas assez complètement sèche pour être désembue.

Lorsqu'on sera satisfait du dessin au fusain, on dessinera définitivement avec le pinceau.

Voici comment on procédera :

Muni d'un pinceau long et mince, dit pinceau à filets, on redessinera en se servant d'un ton chaud composé de la manière suivante :

Blanc d'argent,
Noir d'ivoire,
Ocre rouge.
} Trois parties mêlées à l'aide du couteau à palette.

On obtiendra par ce mélange, un ton brun foncé.

Ce ton devra être employé très liquide, en se servant d'essence de térébenthine dans laquelle on versera quelques gouttes d'huile de lin (trois quarts d'essence et un quart d'huile).

Si le ton a été bien composé en y mettant peu de blanc, on obtiendra plus facilement des ombres et des demi-teintes, selon qu'on emploiera la couleur plus ou moins épaisse.

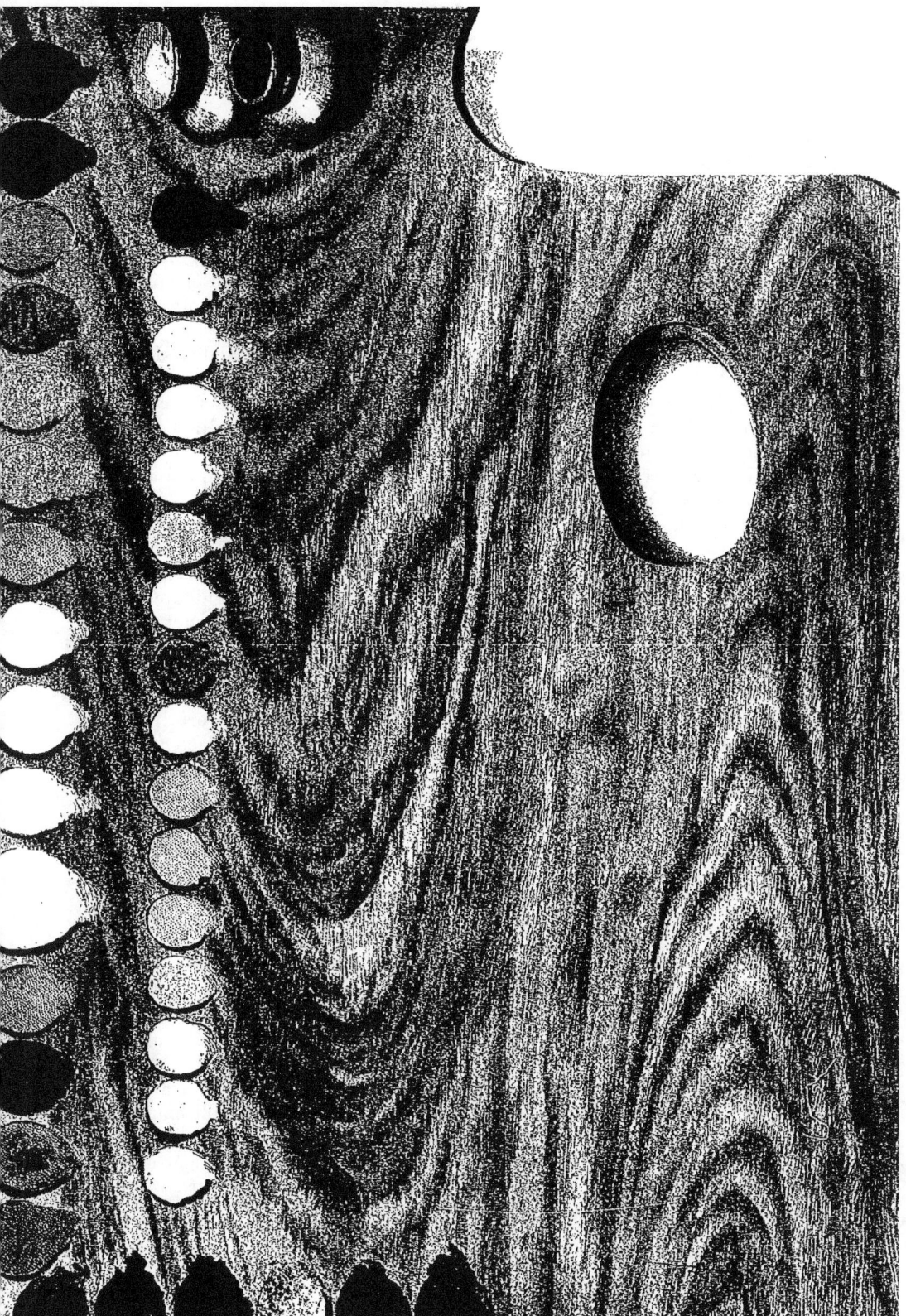

NATURES MORTES

Ne jamais, en aucun cas, employer ce ton en pâte, il serait long à sécher, mettrait des épaisseurs de couleurs gênantes et se détremperait sous la brosse quand on peindrait définitivement, ce qui salirait les tons.

Quand ce dessin, fait en couleur liquide, comme celle qu'on emploie à l'eau pour l'aquarelle sera achevé, on époussetera le fusain primitivement crayonné. Le fusain devra disparaître complètement pour faire place au dessin peint qui apparaîtra net et correct.

Nous ne saurions trop recommander de s'assurer au préalable si l'apprêt est suffisamment sec; s'il ne l'était pas, le fusain du dessin resterait fixé dans la peinture et rien ne pourrait plus le faire partir, ce qui serait d'un vilain effet et aurait, en outre, le désavantage de salir les tons en peignant ensuite.

On se servira de pinceaux plats pour masser les ombres après avoir dessiné le trait avec le pinceau à filets.

Les pinceaux sont préférables pour cette opération, les brosses étant trop rudes.

Pour le commençant le moins habile, ce dessin peut être fait dans une séance de deux ou trois heures, et comme il y aura apporté toute son attention, nous pensons qu'il sera suffisamment fatigué et remettra au lendemain pour commencer à peindre réellement.

Avant de commencer ce travail, voici comment il devra charger sa palette.

1 Blanc d'argent (placé au centre). — 2 Jaune de Naples vert (placé directement à droite du blanc). — 3 Jaune de cadmium clair (placé à côté du jaune de Naples). — 4 Jaune de cadmium foncé n° 2 (placé à côté du cadmium clair). — 5 Jaune de cadmium foncé n° 3 (placé à côté du cadmium foncé). — 6 Jaune indien (placé à côté du cadmium foncé). — 7 Ocre jaune (après le jaune indien). — 8 Terre de Sienne naturelle. — 9 Bleu de cobalt. — 10 Bleu d'outremer. — 11 Bleu de Prusse. — 12 Vermillon de Chine (placé à gauche du blanc d'argent). — 13 Laque de garance foncée (à côté du vermillon). — 14 Laque de garance rose (à côté de la garance foncée). — 15 Ocre rouge. — 16 Terre de Sienne brûlée. — 17 Brun Van Dyck. — 18 Noir d'ivoire. — 19 Vert véronèse. — 20 Vert de cobalt. — 21 Vert émeraude.

Cette composition de la palette pourra être modifiée à la volonté de l'élève quand il aura acquis de l'expérience et pris des habitudes. Mais il devra toujours observer le classement que nous indiquons tout en retranchant les couleurs qu'il ne veut pas employer. C'est indispensable pour l'harmonie des tons. Il est nécessaire de s'assurer avant de peindre que les couleurs déposées sur la palette sont suffisamment molles et faciles à saisir avec les pinceaux. Quelques couleurs sont souvent trop dures, notamment le blanc d'argent qui demande à être détrempé avec de l'huile de lin mise goutte à goutte afin d'être rendu plus souple.

Cette opération se fait au moyen du couteau à palette avec lequel on mélange l'huile et le blanc ; ce mélange doit se faire avec soin. Si on mettait trop d'huile, le blanc devenu trop liquide coulerait dans les autres couleurs ; on doit donc procéder lentement en mettant deux ou trois gouttes d'abord, et en remuant et retournant le tout plusieurs fois.

Si cette dose ne suffisait pas, on ajouterait doucement quelques nouvelles gouttes d'huile.

Quand le temps est froid, les couleurs sont plus dures, l'huile qui les compose ainsi que la cire qu'on est forcé d'y ajouter pour les empêcher de couler se durcissent sous l'action de la température abaissée, mais très souvent, en ce cas, il suffit pour amollir les couleurs de les triturer quelque temps avec un couteau à palette bien propre sans y ajouter d'huile de lin.

Cette simple manipulation échauffe l'huile et la cire, et la couleur reprend toute sa souplesse.

Après avoir procédé à tous ces préparatifs, on commencera l'ébauche en débutant par le fond. Ce fond doit être choisi simple, c'est-à-dire uni. Ne pas mettre une étoffe mince qui formerait des plis et compliquerait par des détails la valeur du fond. Il faut éviter aussi de mettre une étoffe à fleurs. Les tons sombres et neutres doivent être préférés aux couleurs éclatantes qui, par l'intensité du ton constitueraient à elles seules une difficulté très grande qui viendrait s'ajouter aux autres, lorsqu'il s'agirait de trouver la valeur et empêcherait également la *perspective aérienne*, qualité qui est nécessaire à cette partie du tableau pour que les objets ne semblent pas collés sur le fond comme une affiche sur un mur.

Il faut donc commencer par peindre le fond en se servant de brosses plates, longues de soies, et ne pas employer des pinceaux qui auraient l'inconvénient de couvrir le dessous.

La brosse longue donne, au contraire, une touche rayée et molle qui convient mieux à cette partie du tableau. Les couleurs qui composent le ton mis dans une touche de brosse se trouvant moins fondues, laissent sur la toile une touche d'un ton unique, où l'on peut cependant retrouver les couleurs qui composent le ton général de cette touche. Il en résulte une facture libre, un chatoiement de tons qui forment un ensemble aéré.

On devra éviter de peindre les fonds en employant trop de couleur.

On ne doit jamais rencontrer d'épaisseur dans un fond bien peint.

Il est logique, que pour représenter un fond, c'est-à-dire, une chose impalpable, une profondeur, en un mot l'air, il ne faut pas peindre de la même manière que pour représenter un objet qu'on peut toucher, tel que ce livre que nous peindrons tout à l'heure (voir nos planches en couleurs).

Les fonds doivent donc se peindre avec une multitude de tons passés ou fondus les uns dans les autres, qui, étant tous de la même valeur, ont l'air, vus à distance, de ne former qu'un seul ton.

Il ne faut jamais faire absolument le ton sur la palette et le poser tout fait sur la toile, il faut (et cela s'apprend vite en travaillant) voir de quelles couleurs se compose le ton qu'on veut obtenir, prendre légèrement les couleurs voulues du bout de la brosse et ne les mêler définitivement que sur la toile, en y retouchant le moins possible.

Si on procédait autrement, le ton serait *bouché*, c'est-à-dire lourd, opaque, sans air, comme la couleur que les peintres en bâtiment étalent sur les murs, après avoir fait leur ton dans un camion. Le fond étant ébauché (nous disons ébauché, car il est rare, quelque habile que l'on soit, de pouvoir le terminer du premier coup, puisqu'on ne connaît pas encore d'une façon certaine, la valeur du fond, par rapport aux objets qu'il entoure), on continuera en peignant le dessus de la table, en bois de chêne ciré, où le livre se reflète.

Cette partie de l'étude doit être peinte en demi-pâte, c'est-à-dire, ni trop liquide comme pour un glacis, ni trop épaisse comme pour une partie de lumière.

Les touches allongées horizontalement devront être mises dans le sens du fil du bois.

Il faudra toujours commencer par peindre la partie la plus foncée de l'objet que l'on veut représenter. Dans l'exemple montré ici c'est le fond de la table qui touche et vient se confondre dans une même valeur avec le fond; puis on éclaircit le ton en se rapprochant du bord de la table.

On peindra ensuite l'épaisseur de la table et l'on terminera en exécutant le dessus qui en est la partie la plus claire.

Les reflets du livre se peindront en dernier lieu et dans le sens vertical toujours en demi-pâte.

Le livre, objet principal de l'étude se peindra à la fin et pendant que les tons qui l'entourent sont frais, c'est-à-dire dans la même séance.

Il est recommandé de commencer toujours par le ton le plus foncé, quel que soit l'objet qu'on ait à peindre.

On continuera ensuite par le ton *médium* qui se nomme aussi ton *local*, et l'on terminera par le ton le plus clair, pour obtenir le *modelé* et faire tourner l'objet.

On remarquera que dans le livre éclairé comme nous le prescrivons et comme le montrent les planches *ad hoc*, la partie la plus foncée se montre sous la couverture du livre, du côté gauche, c'est donc par ce ton qu'il faudra commencer.

Nous ne jugeons pas utile de dire exactement quelles couleurs on devra employer pour obtenir le ton dans les ombres, attendu que tous les tons peuvent s'obtenir absolument semblables en les composant avec les couleurs les plus opposées. Nous dirons seulement que, d'une façon générale, les ombres doivent être peintes légèrement (sans pâte). C'est une condition essentielle de leur transparence et pour obtenir ce résultat, il est aisé de comprendre qu'on ne se servira presque pas de couleurs opaques, telles que : le blanc, le jaune de Naples, etc...

Pour donner de la profondeur aux ombres, il faudra observer que, dans l'ombre même, il y a une autre ombre plus foncée. Cette partie qu'on nomme le *repiqué* peut s'ajouter après coup sans trop d'inconvénient, mais il est préférable de le mettre en peignant les ombres.

Quelle que soit l'intensité d'un ton noir, on ne devra *jamais* employer, pour le peindre, le noir pur tel qu'il sort du tube.

La nature ne nous montre jamais un ton noir. C'est toujours un ton plus ou moins foncé qui a une coloration relative aux objets avec lesquels il se trouve placé. D'où il résulte que c'est un noir-violet, un noir-rouge, un noir-bleu, etc... selon qu'il est placé à côté d'un objet d'une couleur bleue, verte ou jaune.

Nous pouvons également affirmer que pour les mêmes raisons, on ne devra jamais employer le blanc d'argent pur, et qu'en règle générale il ne faut jamais employer, même dans une touche unique, la couleur telle qu'elle est, quand on presse un tube.

Il ne faut pas qu'on puisse reconnaître les couleurs qui ont composé un ton, et, comme on le dit en terme d'atelier, on ne doit pas soupçonner l'existence de la palette, ce qui donnerait un aspect commun qui détruirait toutes les qualités dont une étude pourrait être douée.

Si l'élève a bien procédé comme il vient d'être dit, son étude étant ébauchée aura l'aspect que donne notre planche.

Tout y sera peint simplement par plans : l'ombre, le ton local et la lumière ; si les valeurs sont justes de rapport entre elles, quoique cette ébauche ne contienne aucun détail, l'aspect général y sera obtenu et formera déjà une étude intéressante à regarder.

Le travail de l'ébauche a pour but de déterminer la valeur relative de chaque objet. Lorsque ces valeurs seront trouvées, on pourra terminer l'étude par l'exécution définitive sans s'exposer à recommencer certaines parties trop claires ou trop foncées.

La palette chargée avec les tons composés. — Pour l'étude d'un livre, il ne serait pas indispensable à une main exercée, d'avoir sur la palette les tons composés dont il va être parlé. Mais nous voulons commencer, dès la première leçon, à mettre sous les yeux de l'élève quelques tons composés pour lui faciliter la recherche des mélanges qui présentent, au début, des difficultés presque insurmontables.

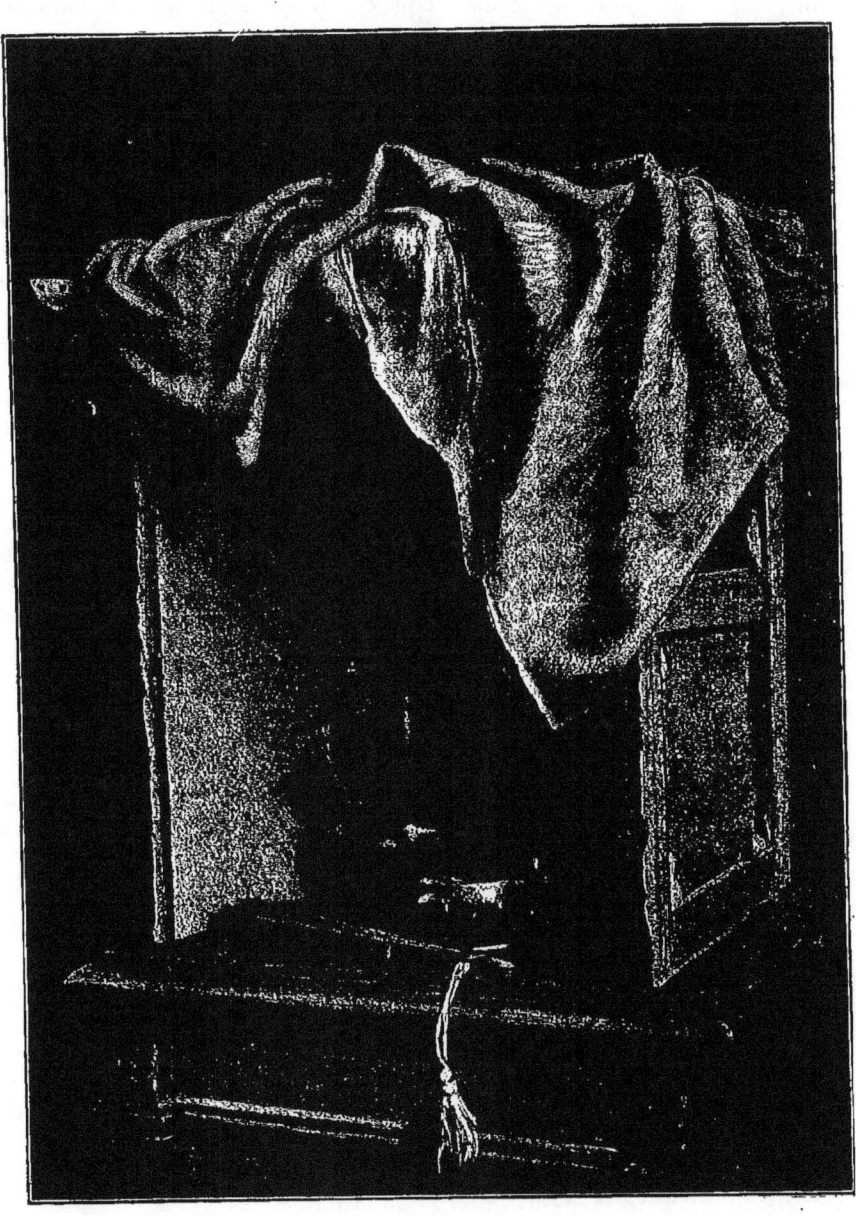

TOILES DISPOSÉES POUR OBTENIR DES OMBRES SUR LE FOND ET SUR LES OBJETS

de toute autre couleur, comme cela est arrivé souvent, prétend-on, au maestro Meyerbeer qui s'affublait très sérieusement d'une cravate rouge ou verte, la croyant réellement noire.

Nous citerons encore un de nos amis, docteur très connu, dont le daltonisme est aussi très violent, ce qui ne l'empêche pas de dessiner très agréablement, ayant beaucoup étudié la science des valeurs.

La peinture est l'esclave de certaines conventions, de certaines modes. Parfois, c'est la manière noire qui est dans le goût du jour et alors les peintres en vogue sont Ribot et Henner; mais qu'un artiste vienne nous montrer une toile intéressante, peinte dans une gamme très blanche, voilà la mode changée et tout le monde reniera ses anciens dieux pour adorer le nouveau venu.

Cependant, il ne faut pas se préoccuper de mode en matière d'art; il n'y en a qu'une, c'est celle qui consiste à bien faire et à voir tout naturellement avec ses propres yeux.

D'ailleurs, si les artistes ne sont pas d'accord sur la manière de voir et de peindre les choses, si les uns peignent dans une gamme noire, les autres dans une gamme bleu pâle, jaune ou violette quelle que soit l'intensité de leur palette, si la gamme est haute ou si la gamme est basse, ils sont tous d'accord lorsqu'il s'agit de la forme, ou de la justesse des valeurs qui sont des lois immuables auxquelles chacun doit se soumettre sans discuter.

De l'empâtement. — On nomme ainsi les parties d'un tableau qui sont peintes avec beaucoup de couleur.

On dit d'un tableau qui est peint avec beaucoup d'épaisseur de couleurs: ce tableau est très empâté.

Quand une partie semble peinte et terminée d'un seul coup, c'est-à-dire dans la séance, pendant que la couleur est fraîche, on dit que c'est peint en pleine pâte.

Les empâtements se montrent dans les parties d'un tableau où se trouve la lumière, jamais les ombres ne sont empâtées, car si on les peignait solidement, avec des épaisseurs de couleur, elles deviendraient lourdes, opaques, bouchées, sans transparence, ni profondeur.

L'empâtement n'est utile que comme dernière ressource.

Il sert à affirmer, par sa solidité, la volonté du peintre, pour attirer la lumière sur la partie qu'il empâte. L'épaisseur même de la pâte, lui sert à obtenir plus d'effet. Les parties saillantes de la couleur accrochant la lumière vraie, donnent de la vivacité aux tons clairs pour lesquels on a épuisé toutes les ressources de la palette.

Nous dirons encore que les épaisseurs de couleur ne sont pas nécessaires pour obtenir un bon tableau.

Jules Dupré, le grand paysagiste moderne, employait beaucoup de pâte ; sa vigoureuse peinture était souvent maçonnée, grattée ensuite au rasoir, puis réempâtée.

Bien avant lui, d'autres artistes se sont servis de cet expédient pour donner plus de vigueur à leur peinture. Nous citerons entre autres Decamps, le peintre orientaliste, dont le musée du Louvre possède un tableau très remarquable, intitulé les *Chevaux de Halage*.

Mais nous pouvons opposer aux artistes qui se sont servis de l'empâtement, d'autres peintres qui ont obtenu autant d'effet par des frottis et des demi-pâtes. Nous n'en citerons qu'un, c'est Corot, qui peignait aussi vigoureusement que quiconque, sans empâter ses tableaux, rien que par la justesse des valeurs.

Les glacis. — Peindre en *glacis* consiste à se servir de la peinture très liquide, comme celle qu'on emploie pour la peinture à l'aquarelle.

Le *glacis* est utile pour peindre des objets d'une grande transparence, comme certains fruits, les groseilles, les raisins.

On emploie également le *glacis* pour renforcer certaines ombres peintes trop claires.

Voici comment il faut procéder pour faire un *glacis* :

On prend une brosse en soies blanches, assez courte, très souple et très propre ; on la trempe dans le liquide contenu dans le godet, puis selon le ton voulu, on prend telle ou telle couleur que l'on mêle au liquide contenu dans la brosse, en ayant soin de bien mêler la couleur, afin que le liquide ou glacis se fonde en un ton unique avant d'être employé.

On agit dans l'emploi d'un glacis, d'une manière tout à fait opposée à celle de la peinture en pâte, puisque dans le glacis, le ton est fait d'avance. Le glacis doit être employé avec une autre brosse que celle qui a servi à le composer afin que la brosse ne contienne que peu de liquide. En procédant autrement, le glacis coulerait sur les autres parties que celles où l'on veut qu'il soit placé, et gâterait tout le tableau.

Le glacis s'emploie fréquemment ; il est très séduisant par sa transparence et pour la rapidité avec laquelle il couvre la toile. Néanmoins il ne faut pas en abuser, car il noircit à la longue ; les glacis très beaux quand ils viennent d'être peints s'alourdissent en vieillissant s'ils ont été remis après coup sur une peinture sèche.

Les frottis. — Quoique les frottis soient différents des glacis, il y a entre eux une certaine ressemblance.

Peindre en frottis, c'est peindre avec peu de couleurs, en réservant certaines parties de la toile ou de l'ébauche première.

La différence qui existe entre le glacis et le frottis vient de ce que, contrairement au glacis, le frottis permet l'emploi de toutes les couleurs, même les plus opaques, comme le blanc d'argent, tandis que le glacis ne s'obtient que par des couleurs transparentes comme les laques, le jaune indien, la terre de Sienne naturelle, le bleu, le noir.

La touche. — On nomme touche, l'empreinte laissée dans la couleur par les coups de brosses.

On dit une large touche quand on reconnaît une partie large qui semble peinte d'un seul coup de brosse.

On dit petite touche quand on voit dans une peinture toutes les touches laissées par une petite brosse.

La touche peut se mettre ou se poser par tous les procédés sans cesser d'être une touche. On peut se servir à cet effet de la brosse, du pinceau, du couteau et du doigt.

La facture. — Ce terme s'emploie pour désigner les différents procédés employés dans l'exécution d'une peinture.

On dit facture *lourde* quand la peinture a des empâtements inutiles ou placés hors de propos ; facture *légère* quand la peinture mince semble à peine effleurée par la brosse ; facture *souple* quand le modelé est facile et sans retouche ; facture *grasse* quand le tableau a l'air d'être peint d'un seul coup, dans une pâte un peu épaisse ; facture *maigre* ou *sèche* quand on y devine les retouches, et quand les contours de chaque chose ne sont pas suffisamment fondus ou modelés ; facture *brillante* quand tout semble peint avec entrain d'une manière facile, avec des empâtements et des notes vives placées savamment, sans retouches.

L'exécution. — Ce terme s'emploie pour désigner l'action de peindre définitivement un tableau.

On dit exécuter un morceau, ou exécuter un tableau quand on peint un morceau qui est complètement terminé.

On dit aussi : telle partie sera peinte ou tel détail sera mis à l'exécution définitive.

Un tableau bien exécuté doit être raisonné et peint d'une certaine façon.

Il y a toujours dans un tableau et surtout dans une nature morte, un objet quelconque qui est le motif même du tableau. On doit donc placer cet objet bien en lumière, au centre de la composition et s'attacher à le bien exécuter. Tout ce qui l'environne doit être moins fait et simplifié. Si chaque chose était peinte avec autant de soin et de détails il en résulterait une exécution petite et d'une égalité désagréable.

La pochade. — On entend par pochade une étude peinte lestement et terminée en une seule séance. On dit peindre en pochade, faire des pochades.

La pochade est utile et même indispensable, pour saisir un effet fugitif; nous y reviendrons quand nous expliquerons la manière de peindre les paysages.

La tache. — Il y a deux écoles bien distinctes et pour toujours séparées, puisque c'est l'instinct seul qui guide ces deux rivales et que, dès le commencement des études, on est, à son insu, partisan de l'une de ces écoles ou disciple de l'autre.

Nous voulons parler des dessinateurs et des coloristes, car il est exceptionnel de posséder ces deux aptitudes en proportions égales.

Pour un artiste qui est doué d'un tempérament de dessinateur, c'est

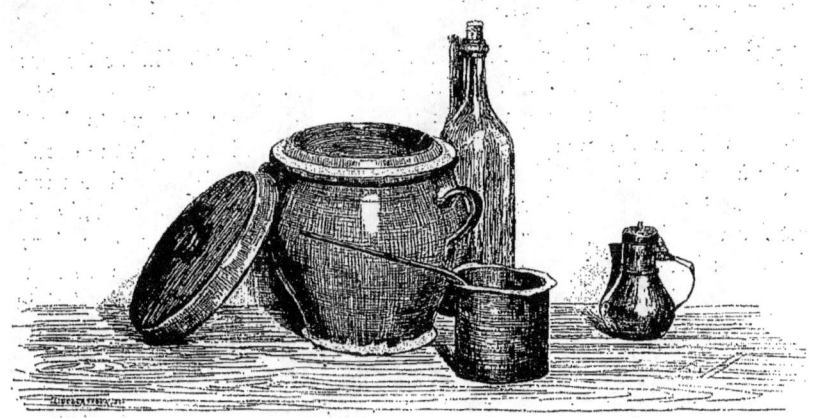

L'effet éclairé de face.

toujours par le dessin, par la ligne que les visions, les rêves de composition se présentent à l'imagination. Cet artiste voit d'abord comment il disposera ses lignes principales, puis il se réjouit d'avance des détails qu'il aura à dessiner et il sera porté instinctivement à assembler des objets de formes compliquées. Enfin, il ne pensera à la couleur générale que d'une façon secondaire; pour lui, le dessin passe avant tout dans la composition d'un tableau.

Pour le peintre né coloriste, c'est d'une façon tout opposée qu'il conçoit ses tableaux. Lorsqu'il veut donner une forme au sujet rêvé c'est d'abord par la tache qu'il procède, car la *tache* et l'*effet* le préoccupent avant tout.

Les taches ont une grande importance; c'est ainsi qu'on désigne les notes dominantes d'un tableau.

On dit d'un tableau bien composé comme harmonie de couleurs, où tout est placé pour faire valoir un ton ; ce tableau est bien *taché*, les *taches* en sont heureuses.

Si au contraire, les notes vives se combattent au lieu de s'harmoniser,

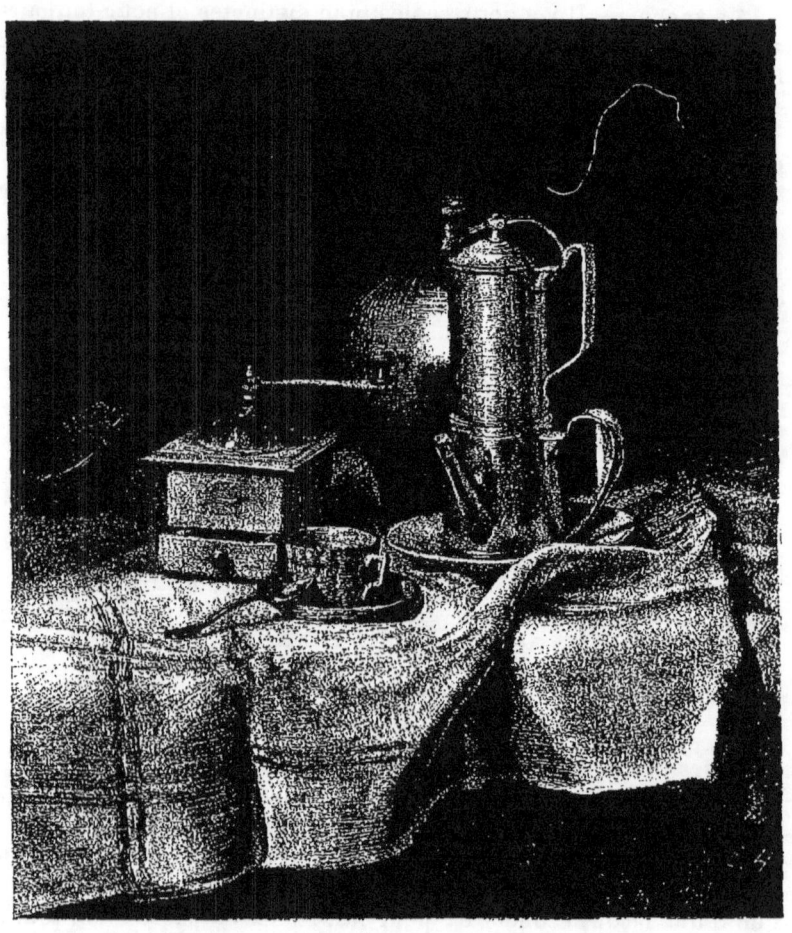

L'effet éclairé de gauche à droite, avec un fond très foncé.

si toutes ont la même importance et désagrègent l'effet, on dit de ce tableau mal équilibré, c'est mal *taché* ou d'une *tache* désagréable.

Lorsqu'un artiste plus peintre que dessinateur cherche dans une esquisse la composition d'un tableau, si c'est une nature morte qu'il veut représenter, il verra dans son imagination les objets qu'il désire peindre et se préoccupera d'abord de la tache dominante des objets qu'il veut réunir. Si, parmi ces objets, il s'en trouve un en cuivre, il pensera à utiliser la note brillante du métal pour obtenir de l'effet dans sa composition.

Après un dessin très sommaire, il commencera par placer la tache du cuivre, puis il s'occupera de son accord et des rapports qui doivent soutenir sa note principale.

Avant de parler des rappels, disons qu'il y a des règles de goût qu'il est indispensable d'observer. Il ne suffit pas de placer une note juste de

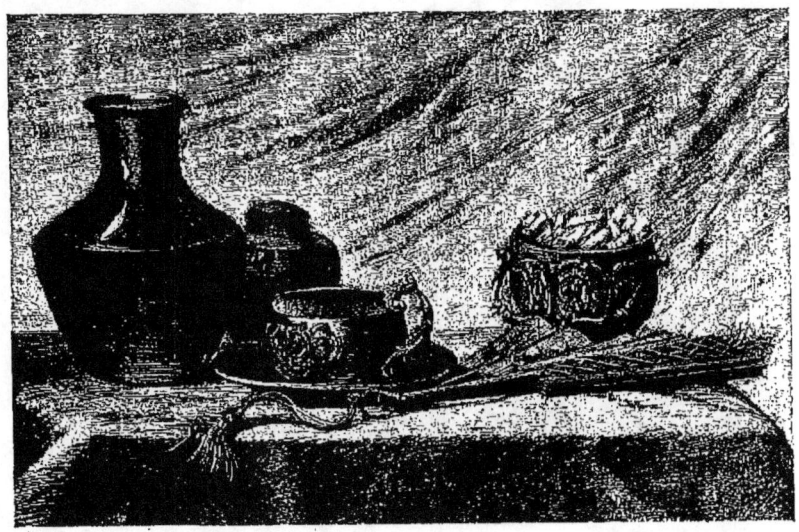

L'effet éclairé de gauche à droite, avec un fond très clair.

ton pour qu'elle fasse bien, il faut aussi qu'elle soit mise à propos, *bien en toile*. Si cette note claire était posée juste au milieu de la toile, elle créerait une symétrie qui doit toujours être évitée.

La tache placée dans un coin de la toile à gauche ou à droite ferait aussi très mal, elle entraînerait l'œil du spectateur trop loin du centre du tableau.

La tache se place généralement aux deux tiers de la toile ne formant milieu ni avec sa hauteur, ni avec sa largeur.

La tache a une importance égale au dessin dans l'ordonnance d'une composition, car si les lignes sont belles et bien conçues, toute l'harmonie peut être détruite par des taches malheureuses placées hors de propos.

NATURES MORTES

Les rappels. — Dans un tableau de nature morte ou autre bien taché, s'il se trouve une note intense, telle que le rouge d'une pomme, le jaune d'un citron, l'éclat d'un cuivre, cette note ne doit jamais être seule de sa

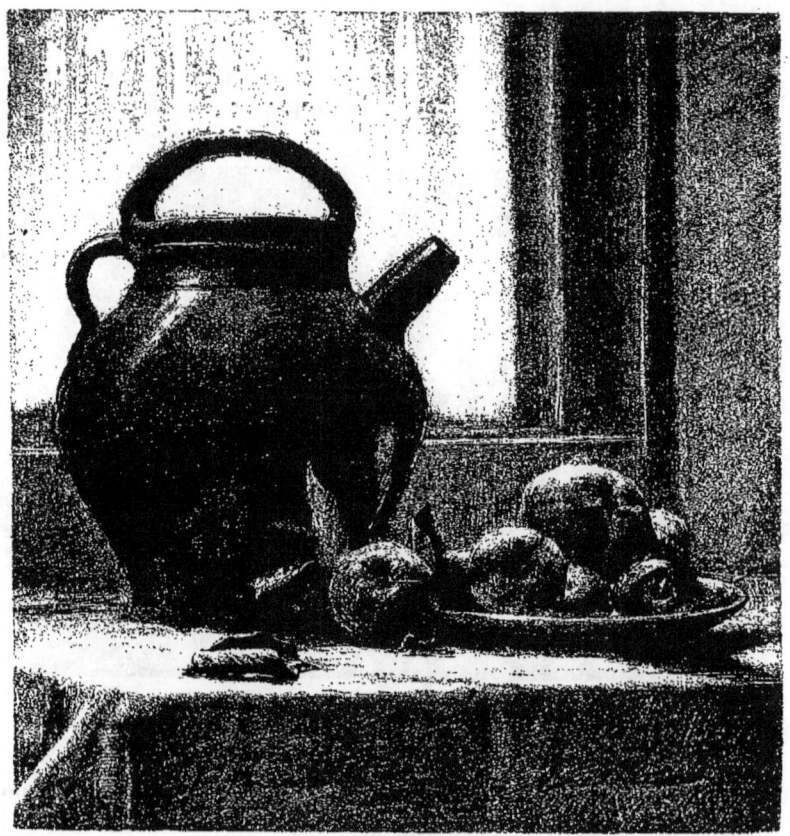

L'effet à contre-jour.

couleur, elle doit être accompagnée par une ou deux taches de moindre importance, mais de même coloration.

Ces taches moins vives sont un écho de la première tache et doivent être fort atténuées de façon à ce qu'il n'y ait pas dans le tableau deux taches de même couleur.

Cet écho se nomme, en terme d'atelier, un *rappel*.

Ce rappel doit être observé dans les éclats de lumière, comme il sera dit au chapitre de l'effet.

L'effet. — Beaucoup de peintres et surtout la plupart des amateurs sont peu préoccupés de l'effet lorsqu'ils peignent un tableau.

La facture paraît les captiver avant toute autre chose ; ils oublient qu'un tableau doit être vu à distance pour être jugé dans son ensemble.

Cette pensée fixe leur fait totalement négliger l'effet, pour se donner tout à l'exécution qui n'est que secondaire cependant.

Quand un tapissier drape une portière ou un rideau, ne s'attache-t-il pas avant tout à ce que l'étoffe offre des plis harmonieux et décoratifs qui fassent un bel effet ?

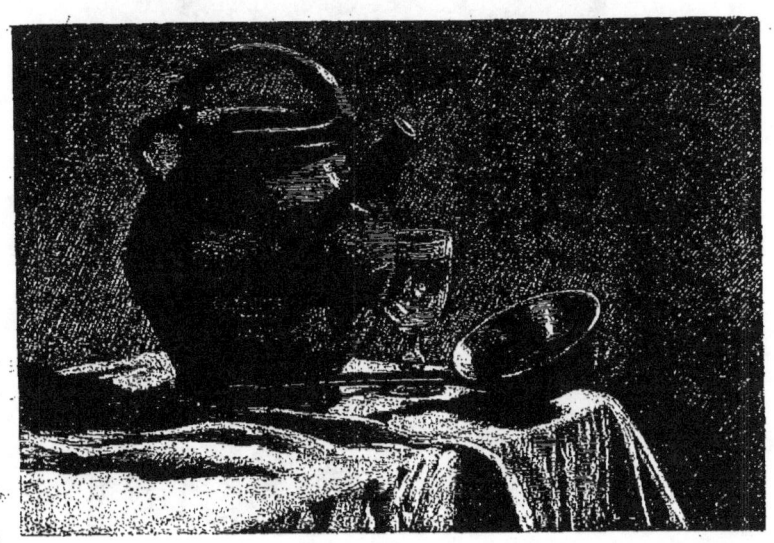

L'effet éclairé du dessus.

Quand il regarde l'ensemble, qu'importe que les points de couture soient plus ou moins réguliers ; ce qui le préoccupe avant tout, c'est l'effet général.

Pour juger un tableau, il faut s'en éloigner d'une distance trois fois égale à sa plus grande dimension.

Le grand peintre Rembrandt, qui savait pourtant exécuter aussi bien que ses confrères, se préoccupait avant tout de l'effet. Aussi n'aimait-il pas qu'on examinât sa peinture de trop près, sachant personnellement qu'on ne pouvait en comprendre l'effet, si l'on ne se plaçait pas au point de vue.

Il reçut certain jour la visite d'un amateur. Comme ce dernier s'approchait trop pour regarder un tableau que le maître venait de terminer, celui-ci impatienté lui dit rudement :

« Reculez-vous, Monsieur, la peinture est faite pour être vue et non « pour être sentie ! »

Nous n'avons pas voulu dire que l'exécution doit être lâchée pour que l'effet soit bien rendu, mais, ce n'est que lorsque l'effet sera bien déterminé que l'artiste devra songer à l'exécution.

Il faut se lever souvent lorsqu'on peint, se reculer de même, en observant que les détails soient subordonnés à l'ensemble, car si l'on s'aperce-

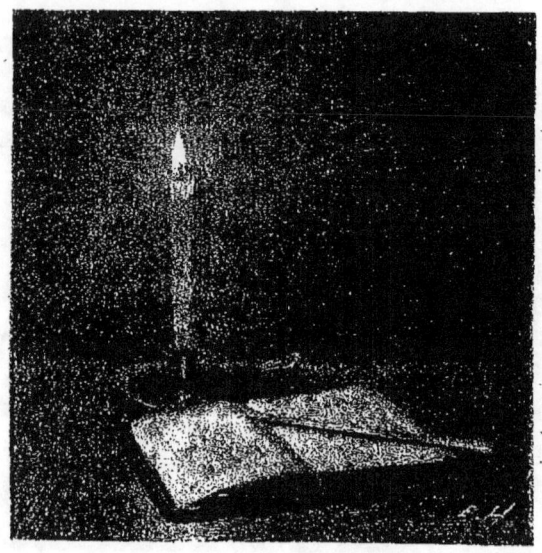

L'effet de lampe ou de bougie.

vait qu'ils attirent les regards à d'autres endroits qu'à celui qu'on veut montrer avant tout, il faudrait les supprimer.

L'effet tient la première place dans la composition d'un tableau, car si l'effet est bien juste, il attire et retient les connaisseurs.

Bien que les effets soient moins variés dans la nature morte que dans le paysage, ils sont encore assez nombreux cependant.

Il y a l'*effet* éclairé de face.

L'*effet* éclairé de gauche à droite, avec un fond très foncé, ou avec un fond très clair.

Puis l'*effet* à contre-jour, où la lumière venant du fond du tableau, découpe vigoureusement la silhouette de chaque objet.

L'*effet* éclairé du dessus, ou la lumière venant du plafond projette des ombres sous chaque objet.

Il y a aussi l'*effet* de lampe ou de bougie dont la lumière artificielle éclaire les objets.

Les natures mortes en plein air éclairées par un *effet* gris, ou par un *effet* de soleil.

Pour les commençants, l'*effet* le plus simple, celui qui est le plus constant et que nous recommandons comme étant le plus facile est l'effet

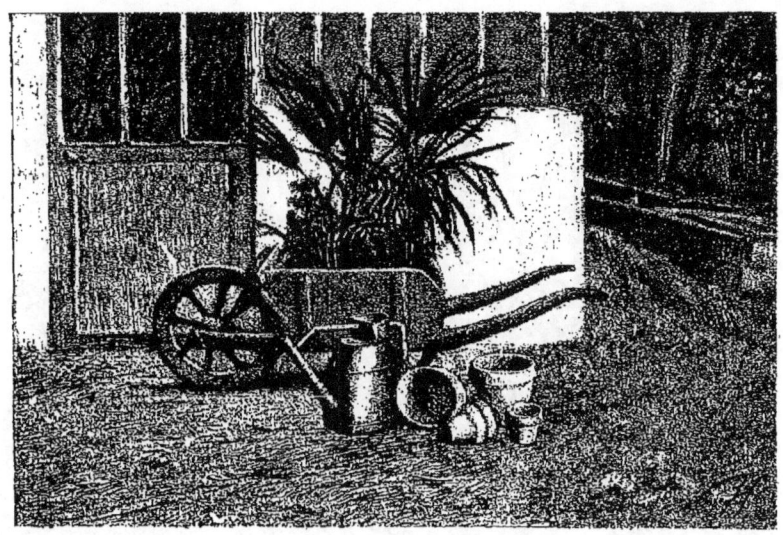

Plein air, effet gris.

éclairant les objets de gauche à droite comme il a été dit en expliquant la manière de peindre un livre.

De l'aspect. — L'aspect est le résumé, l'ensemble des qualités exigées dans un bon tableau.

L'aspect est le complément de l'effet.

Quand un tableau est bien composé, bien dessiné, bien juste d'effet, que les taches en sont heureuses, qu'il se présente bien en un mot, on dit de ce tableau qu'il est d'un bel aspect.

De la tenue d'un tableau. — On dit qu'un tableau se *tient* quand les valeurs sont justes, qu'il est bien enveloppé, que rien ne détonne, qu'il ne s'y rencontre pas d'accents trop vifs, de notes trop intenses qui seraient criardes et viendraient gêner l'ensemble en prenant une place trop considérable.

Il faut que l'exécution bien raisonnée dans toutes les parties, laisse à chaque objet l'importance exacte qu'il doit avoir.

Quand un tableau possède bien toutes ces qualités, on dit qu'il se *tient* bien ou qu'il est d'une bonne *tenue*. Ce terme s'emploie également pour désigner la composition seule d'un tableau quand les lignes sont heureusement conçues, que chaque chose a bien sa dimension relative,

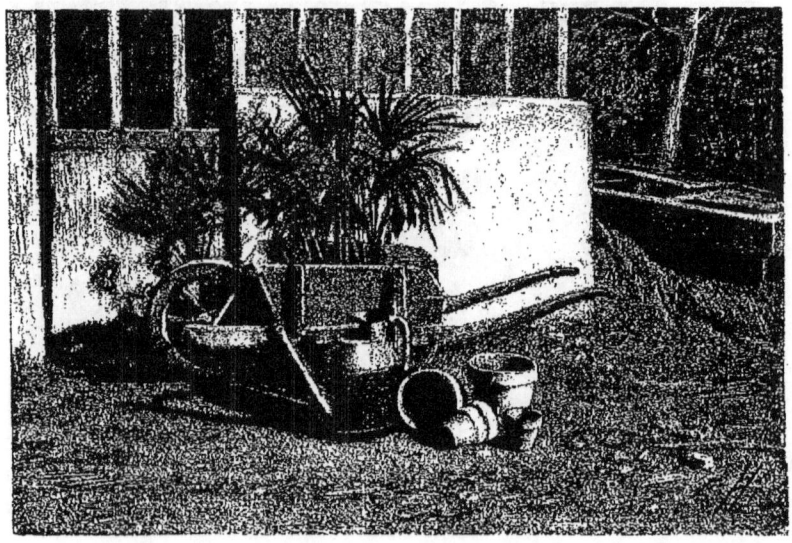

Plein air, effet de soleil.

que l'idée qu'on a voulu évoquer est bien compréhensible à première vue, c'est alors qu'on dit : voilà une composition qui se *tient* bien.

De l'enveloppe. — L'enveloppe est l'art de noyer les contours de chaque chose, sans en perdre la forme, c'est par l'enveloppe qu'on donne de l'air dans un tableau.

Parmi les peintres modernes, Corot, Henner et Puvis de Chavannes sont les peintres qui ont le mieux compris l'art d'envelopper.

Nous recommandons à tous ceux qui veulent apprendre à peindre, d'examiner longtemps et souvent les toiles de ces maîtres. Nous sommes convaincu que cet examen leur montrera mieux que nos observations le but et l'utilité de l'enveloppe.

Les *valeurs* et la *tenue* sont inséparables de l'*enveloppe* qui est leur complément.

Exemple : On sait combien il est désagréable de regarder une peinture comme en font les amateurs qui travaillent sans conseils sérieux ? Les contours de chaque objet sont alors arrêtés, nets, secs, durs, sans modelé sur les bords, en un mot, manquent d'enveloppe.

Quand on n'est pas initié aux mystères de l'enveloppe (ce qui arrive fréquemment aux débutants), on ne peut souvent pas sortir d'une difficulté qui consiste à modeler et à faire tourner les bords d'un objet rond.

Exemple : Si on veut peindre une boule, on prend naturellement un compas pour tracer un rond, puis on peint cette boule en s'efforçant de

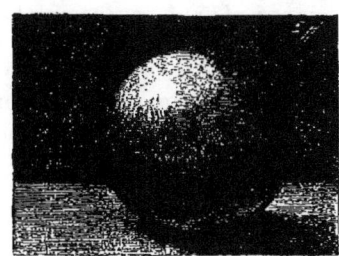
Boule tracée au compas.

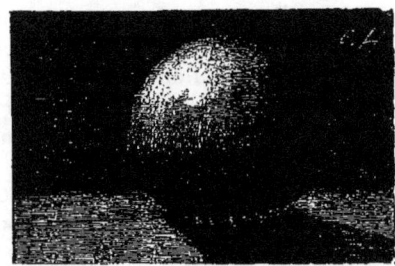
Boule dont le contour est fondu par l'enveloppe.

ne pas perdre le trait; il en résulte une petite sécheresse au bord qui détruit tout le modelé.

La boule tourne bien dans le milieu si les valeurs ont été justement observées, mais les bords de la boule s'aplatissent et donnent l'aspect d'une moitié de boule.

Pour éviter cet inconvénient, il faut noyer le contour en le fondant avec le fond, c'est ce qu'on nomme *envelopper*.

Nous recommandons à tous ceux qui veulent se livrer à l'art de peindre, de regarder souvent les natures mortes de Chardin, ce maître incomparable qui a su si bien envelopper la forme et le contour de chaque chose en leur conservant leur beau dessin.

De l'embu. — Quand on a travaillé quelque temps sur une étude et qu'on a recommencé plusieurs fois des parties mal venues à l'exécution, il se produit un effet très désagréable, qu'on appelle l'*embu*.

La couleur grasse, souple, brillante au moment où elle est employée, devient dès le lendemain maigre, sèche et terne.

Les parties les plus foncées et les ombres deviennent grises; l'étude perd tout effet, les noirs deviennent gris et les lumières perdent leur éclat.

L'*embu* est un des grands désagréments de la peinture et il est presque impossible de l'éviter.

L'*embu* provient du dessous qui, n'étant pas assez sec, absorbe tous les liquides contenus dans la couleur que l'on vient remettre sur une ébauche trop récente.

Exemple : Prenez une toile dont l'apprêt est bien sec, peignez dessus n'importe quoi avec telle couleur que vous voudrez. Si vous peignez entièrement cette toile dans une seule séance et que vous n'y retouchiez jamais, la peinture en restera brillante, sans aucun embu et n'aura pas besoin d'être vernie. Si au contraire, vous retouchez cette ébauche dès qu'elle paraît sèche au toucher tout ce que vous avez ajouté sera embu le lendemain ; voici pourquoi :

La couleur mise dans la première séance n'étant pas complètement sèche malgré les apparences, absorbera comme une éponge tout le liquide de la nouvelle couleur qui deviendra terne et grise.

Dans cet état, l'étude ou le tableau est très désagréable à regarder, surtout pour celui qui en est l'auteur, car ne reconnaissant plus lui-même ce qu'il a fait, il se désole, à tort, et croit mauvaises certaines parties, qui peuvent être en réalité très bonnes.

Il y a plusieurs façons de remédier à cet inconvénient. Celui qu'on emploie le plus généralement, consiste à frotter légèrement les parties embues avec une brosse bien propre, humectée d'huile de lin, en ayant soin de laisser sur la peinture le moins d'huile possible.

Ce procédé a, malheureusement, l'inconvénient de faire jaunir les tons clairs, si on oublie d'essuyer entièrement les parties qu'on ne repeint pas immédiatement après les avoir frottées d'huile.

Mais il existe un autre procédé qui nous a réussi depuis de longues années ; il consiste à employer le vernis *Dammar*, qui est un vernis spécial pour retoucher sans inconvénient la peinture, à la condition d'en étaler très peu sur la toile pour en retirer l'embu.

Voici comment on s'y prend :

Après s'être assuré que la peinture est suffisamment sèche pour être *désembue* sans se brouiller au contact de la brosse, on emploie le vernis, comme il est dit plus haut, pour remplacer l'huile, on en frotte légèrement toute la surface de la toile en laissant très peu de vernis sur la peinture.

L'embu en disparaissant complètement laisse une sorte de mordant poisseux qui accroche très agréablement la nouvelle peinture et facilite l'exécution. Le vernis à retoucher dit vernis Vibert est aussi très bon et d'un emploi facile.

On peut, en procédant ainsi, enlever l'embu autant de fois qu'on le juge nécessaire aux retouches et jusqu'à l'achèvement du tableau.

La mise en toile. — Avant de commencer nos explications sur différentes façons de procéder pour peindre des tableaux de Nature morte, il nous a paru indispensable d'expliquer l'importance de la mise en toile, puisque c'est la première opération qui se présente quand on commence un tableau.

La mise en toile a une importance capitale et l'on n'y devient habile qu'avec une longue pratique de la peinture et du dessin. C'est qu'il faut pour y réussir une promptitude de coup d'œil, une sûreté de jugement, une habileté de tour de main qui ne s'obtiennent qu'avec le temps.

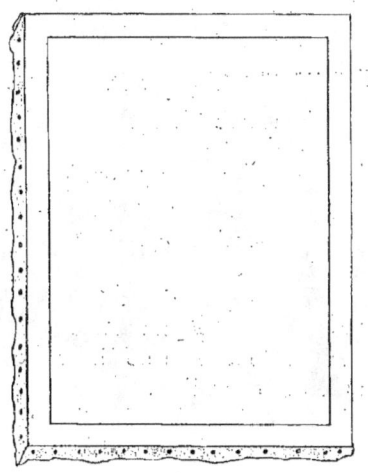

Trait sur la toile pour la mise en place.

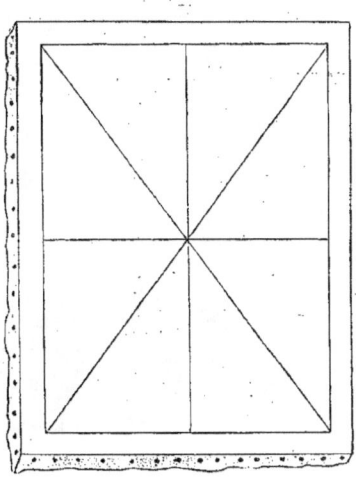

Tracé destiné à trouver et conserver le centre de la toile.

C'est l'art de bien placer, à l'endroit voulu, les objets qui composent un tableau.

Lorsqu'on groupe des objets pour les peindre et qu'on n'a pas une grande habitude de *la mise en toile*, on s'aperçoit quand le dessin est terminé, que la composition est *mal mise en toile*, que les objets sont placés trop haut ou trop bas, trop à droite ou trop à gauche, et l'on se voit dans la nécessité de tout effacer pour recommencer.

Afin d'éviter ce désagrément qui provient surtout du manque d'habitude, nous allons donner un conseil facile et simple à comprendre.

Un des premiers défauts de la mise en toile, est causé par le mauvais dessin des objets qu'on fait trop grands pour le format de la toile employée.

Ce défaut vient quelquefois de la vue. Si l'élève est myope, il dessine toujours les objets trop petits. Si, au contraire, il est presbyte, il dessinera toujours trop grand, croyant copier exactement, et il lui faudra une grande puissance de volonté pour arriver à se corriger. Ce n'est qu'en s'astreignant à faire tenir son dessin dans un espace déterminé à l'avance par deux points, en mesurant l'objet et en traçant sur la toile la place exacte qu'il doit occuper qu'il arrivera peu à peu à corriger le défaut de sa vue. Quand cet élève voudra dessiner un ensemble qui soit bien mis en toile, il aura le soin de commencer par tracer tout autour un trait la réduisant de quelques centimètres, comme cela est indiqué dans la figure ci-contre, afin de réserver une marge donnant de l'air autour de la composition.

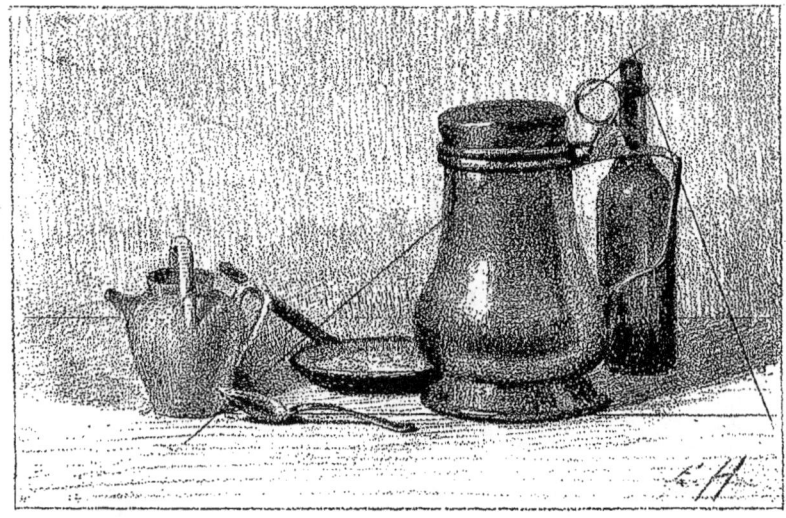

Fig. 1.

Pour éviter de placer la composition trop haut ou trop bas, trop à droite ou trop à gauche, on commence par tracer deux lignes diagonales et deux lignes coupant la toile par le milieu en hauteur et en largeur.

Ce tracé se fait légèrement avec un fusain taillé très fin, de façon à rappeler constamment la place où se trouve les milieux de la toile (centre et milieu de la largeur et de la hauteur) et cela sans gêner le dessin.

Il y a encore une précaution à prendre pour éviter de recommencer le dessin d'une mise en toile, c'est de faire le dessin sur une feuille de papier qu'on choisit à cet effet, aussi mince que possible, puis on le transporte sur la toile en le décalquant au moyen d'un papier noir ou bleu, connu sous le nom de : *papier à décalquer gras*.

On place le papier à décalquer entre le dessin et la toile, en ayant soin de mettre le côté noir ou bleu contre la toile. On fixe le tout avec quatre punaises (petit clou à tête plate) pour que rien ne bouge, puis on repasse tous les traits du dessin avec un crayon dur, et le dessin se trouve transporté sur la toile. Cette façon de procéder permet de hausser ou de descendre la composition aussi bien que de la placer plus à droite ou plus à gauche, s'il en est besoin, rien qu'en déplaçant la feuille de papier qui a servi à faire le dessin.

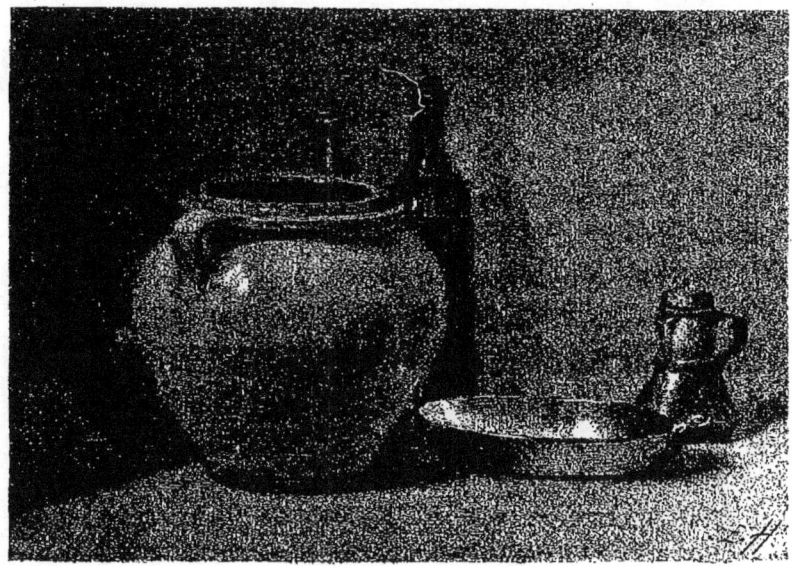

Fig. 2.

Quelques réflexions sur la manière de grouper et de faire poser les Natures mortes. — Savoir grouper les objets est une difficulté qui se rencontre tout d'abord quand on commence à peindre des Natures mortes. On ne sait comment les présenter agréablement.

Trouver, en groupant les objets, une ligne agréable, formée par la façon dont on les rapproche les uns des autres, est une science qui demande beaucoup de pratique et qu'il est assez difficile d'enseigner.

Le goût de l'élève est la principale qualité requise; néanmoins nous allons indiquer une manière de procéder qui est la base de toutes les compositions en général, quel que soit le genre qu'on veuille traiter.

Ce moyen c'est la pyramide.

Dans toutes les compositions, il doit se présenter un groupe principal et un groupe de moindre importance. Le groupe principal doit s'envelopper dans une ligne ayant la forme d'une pyramide, accompagnée ou relevée à droite ou à gauche par un groupe plus petit. (Voir le dessin, fig. 1.)

L'assemblage des objets doit toujours se faire par un nombre impair : 3, 5, 7.

Si, pour la compréhension d'un sujet donné, on se trouve dans la nécessité de grouper les objets d'un nombre pair, tel que : 2, 4, 6, il

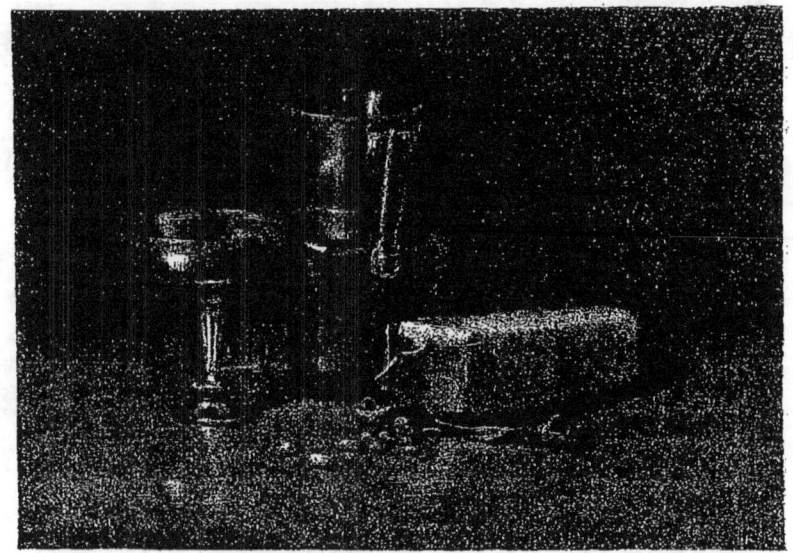

Fig. 3.

faudra s'appliquer à en dissimuler leur nombre en les plaçant par groupe impair, comme dans la figure 2.

Quand, dans un sujet donné, on se trouve obligé de peindre des objets de même hauteur, tels que des pots ou des bouteilles, des corbeilles, etc., il faut s'efforcer de trouver la pyramide en renversant certains objets, comme il est démontré dans la figure 3.

Si, pour une raison majeure, on ne peut renverser les objets, on trouvera la pyramide dans l'effet, c'est-à-dire au moyen des ombres qui, étant disposées de certaines façons, mettront en lumière les objets qu'on voudra montrer et dissimuleront les autres (fig. 4).

La pyramide devra toujours être dissimulée. Si elle était apparente au premier coup d'œil, elle serait désagréable.

Elle ne doit être appréciable que pour les initiés.

C'est un moyen de trouver vite à grouper d'une façon agréable, mais ce n'est là qu'un moyen faisant partie du métier, il ne faut pas en faire parade.

Consultez les figures que nous donnons ici, et vous verrez que la pyramide n'existe que lorsqu'on la cherche, semblable à la charpente d'un édifice qui n'est visible que pour les architectes.

Manière d'obtenir les ombres sur les objets. — Si l'on a besoin d'éteindre certains accents trop vifs, ou si l'on éprouve le désir de

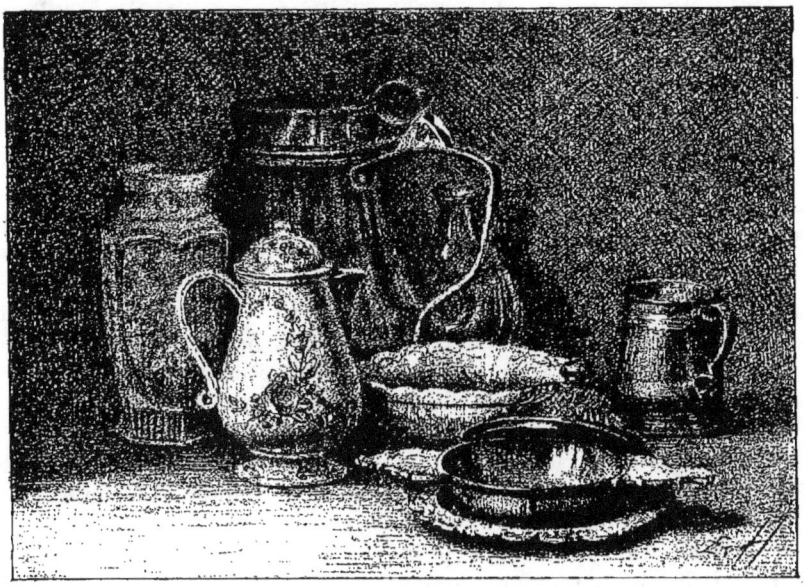

Fig. 4.

mettre dans l'ombre certaines parties d'un tableau, voici un moyen pratique et simple pour obtenir ce résultat :

Prenez deux toiles d'égales proportions; placez-les verticalement, debout sur une table en les appuyant d'un côté sur le mur. Prenez une autre toile que vous placerez à plat, comme un toit, les deux extrémités portant sur les deux toiles ; vous obtiendrez alors une sorte de niche qui donnera déjà de l'ombre au fond, puis, au moyen de draperies placées à plat sur la toile du haut et qu'on laissera pendre, on obtiendra les ombres aux endroits voulus.

RÉFLEXIONS SUR LA PEINTURE A PROPOS DE NATURES MORTES

Le Tableau et l'Etude. — Il existe une très grande différence entre un tableau et une Etude.

L'Etude est un exercice, à la portée de tous ceux qui veulent apprendre à peindre, l'étude sera plus ou moins bonne, voilà tout.

Les moins bien doués, parmi les amateurs, ont exécuté parfois certains morceaux que de véritables artistes n'auraient pas reniés, et il n'est pas rare de voir des élèves que la nature (à défaut d'autres dons) a doués d'une patience et d'une persévérance obstinées, triompher des difficultés les plus grandes.

En effet, que faut-il pour apprendre à peindre ? Une bonne vue et une forte volonté. Mais ce qui est suffisant pour faire un peintre, ne l'est pas pour faire un artiste.

Pour être artiste, il faut être doué de sentiments élevés, posséder l'amour du beau, avoir l'enthousiasme, la distinction, la sensibilité, l'indépendance, l'audace et la ténacité ; ce dernier don est un des plus précieux, car tous les artistes étant fatalement enclins au découragement, il leur faut une grande énergie morale et beaucoup de suite dans les idées, pour mener à bonne fin leurs conceptions artistiques.

On n'est pas un artiste parce que l'on sait peindre un pot ou un poisson.

La peinture est le moyen donné à l'artiste pour exprimer ses sentiments et ses sensations, comme l'instrument de musique est donné au compositeur et la plume à l'écrivain.

La peinture n'étant que le moyen d'expression, elle doit chercher à se faire oublier momentanément pour ne pas nuire à la sensation qui cesserait d'exister si le regard s'arrêtait au précieux de l'exécution.

Quand on a fait beaucoup d'études en commençant par peindre un objet seul, puis deux ou trois réunis et qu'on est déjà en possession d'une certaine habileté, c'est alors qu'on pense à faire un tableau.

Voilà comment on devra procéder :

Avant toute autre chose, il faudra d'abord bien se pénétrer de l'idée qu'on veut symboliser, car un tableau doit évoquer une pensée. C'est là que se trouve la différence entre un *tableau* et une *étude*. Tout est motif à étude, tandis que le tableau doit être la réunion d'objets choisis dans leur assemblage. Il ne sera commencé qu'après des réflexions longuement mûries.

Exemple : Si l'on s'est décidé à peindre une nature morte, symbolisant le lendemain d'une fête, par des boîtes de bonbons ouvertes, des gâteaux entamés, des fruits, des flacons de liqueur, des bouquets de fleurs, etc..... voici comment on procédera.

Manière de procéder pour faire un tableau et conseils sur la façon de le composer. — Il faut d'abord chercher la composition générale sur une feuille de papier à l'aide d'un crayon à la mine de plomb. Sans trop préciser comme dans le croquis ci-contre.

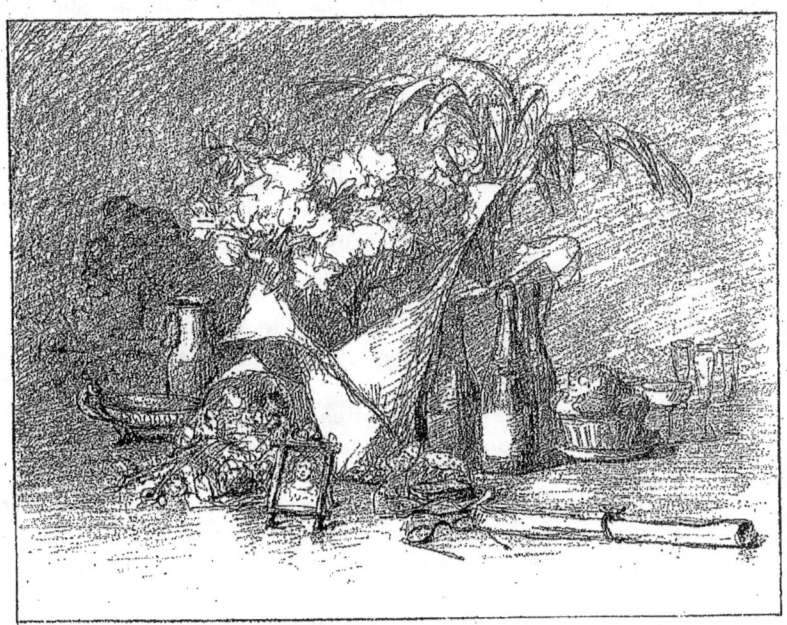

Première esquisse.

Et sans se servir d'autres renseignements que ceux fournis par la mémoire on fera ce dessin informe ayant pour but :

1° De raisonner le sujet et de se mettre sur la voie de la composition ;

2° De renseigner sur les objets qu'il faudra se procurer pour l'exécution.

Ceci fait, l'idée sera bien arrêtée et la composition presque trouvée, puisque au moment de peindre on se sera tenu ce raisonnement :

« Si je représente le lendemain d'une fête, il faut que je détermine
« et fasse comprendre à première vue, par les objets que je vais grouper,
« quel est le genre de fête qui a pu faire réunir ces objets. »

Si l'on veut par exemple représenter l'anniversaire d'un grand-papa, il faudra naturellement s'efforcer de réunir des objets évoquant bien cette idée, tels que les suivants :

Une tabatière en argent à demi enveloppée de papier de soie (ceci étant bien un cadeau destiné à une personne âgée), puis un rouleau de papier noué avec une faveur violette, évoquant l'idée d'un compliment écrit par un enfant ; puis encore une carte photographique représentant le portrait d'un enfant très jeune, enfin un vase quelconque, mais riche, tel qu'une belle potiche ou une jardinière en bronze ou en cuivre repoussé, ayant l'air d'avoir été apporté comme présent.

Ces objets devront être placés en évidence en premier plan, puisqu'ils sont les prétextes qui motivent le tableau.

Le reste : gâteau, liqueurs, fruits, etc..... deviendra, suivant le degré d'éloignement, un ensemble d'accessoires plus ou moins importants, qui seront traités comme tels dans l'exécution définitive.

Ce croquis terminé, quand on aura achevé de mettre en place les lignes de la composition, on fera une esquisse peinte, pour se rendre compte de l'effet à donner au tableau.

L'Esquisse peinte. — L'esquisse n'est le plus souvent, qu'une pochade où l'artiste trace vivement le projet d'un tableau. C'est la première manifestation de sa pensée.

Il faut souvent faire plusieurs esquisses avant de trouver un arrangement définitif qui rende bien ce qu'on désire.

L'esquisse a donc pour but de déterminer l'effet général qu'on veut donner à un tableau, elle en est en quelque sorte, le plan très réduit.

Elle est aussi très utile pour apprendre à peindre librement et vite, car elle force la mémoire à se rappeler la forme et les tons des objets ainsi que des effets observés.

L'esquisse se peint généralement sans copier la nature qui entraverait le libre essor de l'imagination.

Dans une esquisse, on doit tout d'abord se préoccuper de la composition des lignes d'ensemble, puis on cherchera la forme de l'effet général, pour savoir comment on éclairera chaque chose et pour déterminer la place de chaque *tache*.

Faire une esquisse est une des grandes récréations de la peinture. C'est un délassement pour les artistes, qui, n'étant pas gênés par la nature, ce critique inflexible qui arrête souvent l'enthousiasme, se laisseront aller à toute la verve de leur inspiration. Il résulte alors de fort jolies conceptions, peintes supérieurement, qui sont, hélas ! presque toujours préférables aux tableaux pour lesquels elles ont été exécutées.

Quoique l'esquisse soit attrayante au possible, il ne faut pas croire que ce soit là un travail facile. Il faut en effet, pour première condition, qu'elle soit exécutable.

Faire une esquisse jolie de composition et agréable de couleur, est déjà chose difficile, mais ce n'est là qu'une seule des difficultés.

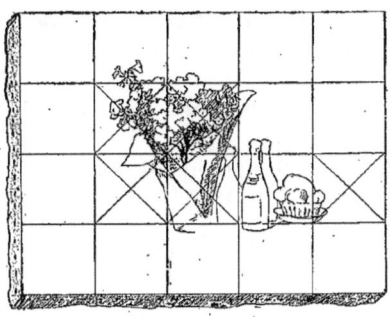

Carreaux sur l'esquisse.

Les artistes s'accordent pour dire qu'il faut dix ans de pratique, pour faire une esquisse pouvant être grandie exactement.

Cela se comprend facilement. Il faut avoir beaucoup observé et avoir fait aussi beaucoup d'études, d'après nature pour bien posséder la mémoire de la forme, de la couleur et de la dimension relative des objets. Autrement on ne peut faire une esquisse utile, car les objets, n'ayant pas leurs proportions relatives, on s'apercevrait trop tard, en faisant poser les objets naturels pour l'exé-

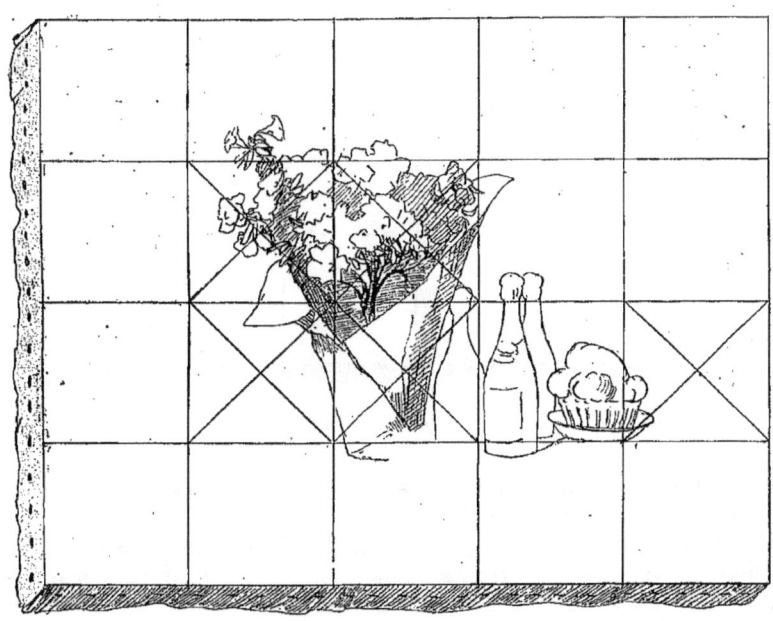

Carreaux sur la toile.

cution définitive, que la composition générale des lignes d'ensemble se trouve déséquilibrée et impossible à exécuter.

L'esquisse terminée, on l'agrandit de la manière suivante :

Agrandissement d'une esquisse au moyen de carreaux. — Quand on se dispose à faire un tableau (on verra plus loin la différence qui existe entre une étude, une esquisse et un tableau), il est nécessaire de faire une esquisse pour ne pas s'exposer à des surprises désagréables qui viendraient entraver l'exécution.

L'esquisse doit se faire dans une réduction proportionnée au tableau et doit avoir exactement la forme de la toile définitive.

On fait généralement l'esquisse réduite au cinquième, mais on peut, sans inconvénient la réduire au dixième ou à toute autre proportion.

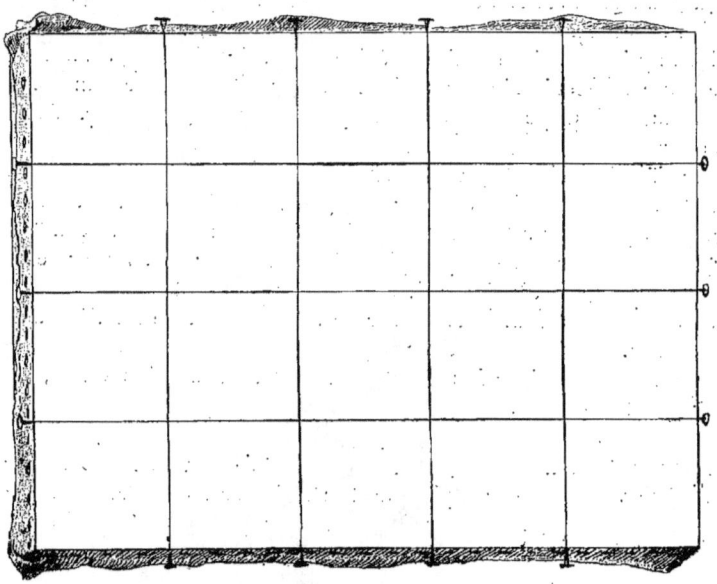

Tension des fils.

Etant donné qu'on a fait l'esquisse au cinquième, voici comment il faudra procéder pour la grandir :

On fera un calque de l'esquisse, si elle est assez sèche pour être calquée, puis on le divisera en posant des points placés à intervalles égaux, afin de tracer des carreaux. Plus les carreaux sont petits, plus il est aisé de grandir l'esquisse.

La dimension des carreaux ne doit pas excéder quatre ou cinq centimètres.

Exemple : Pour une esquisse d'une grandeur de vingt centimètres en largeur et de seize centimètres en hauteur, des carreaux de quatre centimètres suffisent, ce qui donnera cinq carreaux sur le côté de l'esquisse mesurant vingt centimètres et quatre carreaux pour le côté mesurant seize centimètres.

Pour grandir cinq fois, il faut se servir d'une toile cinq fois plus grande, c'est-à-dire, mesurant un mètre de largeur sur quatre-vingt, centimètres de hauteur. Et comme on aura soin de la diviser en un nombre de carreaux égal à l'esquisse, on obtiendra par conséquent cinq carreaux de vingt centimètres sur la largeur et quatre carreaux semblables sur la hauteur.

Lorsqu'il se trouve dans l'esquisse des détails très petits, qu'on veut reproduire exactement en les grandissant, on trace des lignes diagonales dans les carreaux, ce qui les divise encore et facilite le travail.

Si l'esquisse peinte qu'on désire grandir n'est pas suffisamment sèche pour être calquée, on obtient facilement des carreaux à l'aide de fils tendus, qui se posent devant la peinture sans l'abîmer. Voici comment on procède :

Avec l'aide d'un compas on divise la toile sur son épaisseur en autant de parties qu'on désire obtenir de carreaux. Cela fait, on prend des petits clous (appelés semences) semblables à ceux qui servent à tendre la toile ; on les enfonce à chaque place indiquée par le compas, et quand tout le tour en est ainsi garni, on prend une pelote de fil blanc et on tend des fils en les tournant autour de chaque clou de manière à former des carreaux.

Il est aisé de retirer les fils tendus en enlevant les clous, lorsque l'esquisse est agrandie.

La proportion d'une esquisse déterminée par une ligne diagonale. — Si l'élève veut trouver rapidement la réduction proportionnelle d'une grande toile pour faire une esquisse exacte de proportion voici un moyen très simple qui lui évitera tous les calculs :

Il faut tirer une ligne diagonale sur la grande toile ; cela fait, on détermine la largeur dont on veut faire l'esquisse, cette largeur est facultative et la première venue est la bonne. Admettons par exemple qu'on emploie à cet effet une toile de *six* qui mesure quarante et un centimètres sur sa largeur. On portera cette mesure (de quarante et un centimètres) sur la grande toile, dans le haut, en mesurant de gauche à droite. Lorsque cette mesure sera pointée, on abaissera une ligne verticale jusqu'à la rencontre de la ligne diagonale, ce qui donnera un point d'intersection. Il ne restera plus qu'à tracer une ligne horizontale parallèle à la ligne du haut de la toile, et on aura une réduction exactement proportionnée de la grande toile.

Il est facile de se rendre compte que toutes les mesures de toiles peuvent être utilisées en employant ce moyen simple et expéditif. Nous ajouterons encore, que l'on peut ainsi se rendre compte rapidement de ce qu'il faut retrancher ou ajouter, pour que l'esquisse qu'on veut peindre soit dans les proportions exactes de la grande toile.

Manière de peindre les cuivres. — Les métaux, tels que l'or, l'argent, le fer, le cuivre, etc., se peignent plus vigoureusement que les objets en bois, en marbre, ou en terre cuite, exception faite des ustensiles de ménage en terre vernissée qui prennent sous l'action de la lumière des aspects métalliques et peuvent se peindre en employant la pâte aussi épaisse qu'on le jugera utile.

Quelques artistes modernes se sont intéressés tout spécialement à ce genre de peinture. Philippe Rousseau a peint des bouilloires, des bas-

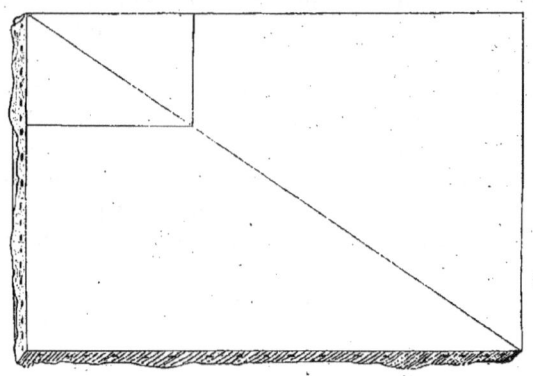

Mise en proportion.

sines et différents vases de cuivre d'une façon superbe, notamment les cuivres rouges qu'il réussissait tout particulièrement. Antoine Vollon s'est aussi très souvent amusé à peindre des cuivres. C'est lui qui, le premier, a peint un chaudron de cuivre jaune, lequel fit l'étonnement des artistes et du public, il y a environ trente ans. Depuis lors, beaucoup de peintres se sont essayés à peindre ce métal et parmi eux Joseph Bail y a particulièrement réussi, si bien même, qu'il semble s'y spécialiser. Malgré l'importance qu'il donne aux figures qui composent ses tableaux, les accessoires en cuivre y tiennent la première place et il les peint si étonnamment que le public ne s'en lasse pas, qu'il en veut dans chaque tableau ; qu'enfin un tableau où il n'y aurait pas un cuivre poli, ne serait pas un Joseph Bail.

Et le public a tellement l'habitude de voir chaque année le cuivre de son peintre favori que l'artiste ne pourra plus guère se soustraire à cette obligation. Le succès a ses revers, hélas !!...

Pour peindre un cuivre, quelle que soit sa forme, il faudra toujours commencer par le dessiner et le fusain est indispensable à cet effet. Il faut construire le dessin en établissant les valeurs tout comme si on ne voulait faire qu'un dessin comme celui que représente le dessin ci-contre.

Lorsque ce sera terminé, on pourra fixer le dessin avec du fixatif au moyen d'un vaporisateur. Cela fait, l'ébauche pourra se peindre immédiatement, en ayant soin de ne pas empâter ailleurs que dans les parties les plus lumineuses. On s'efforcera de ne pas rayer la pâte dans toutes

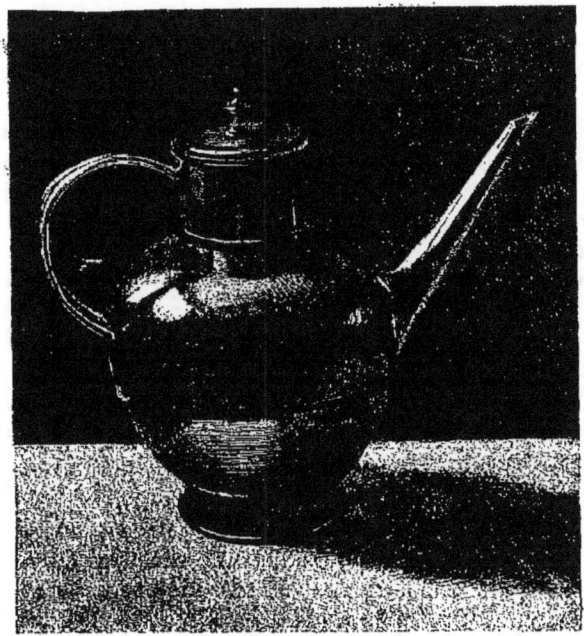

Burette en cuivre.

les parties du cuivre en se servant d'une brosse trop rude. Il est nécessaire même, une fois l'ébauche terminée, d'adoucir, de fondre le tout au moyen de la grosse brosse de martre, toujours remplie d'essence de térébenthine, puis on laissera sécher plusieurs jours avant de terminer par l'exécution définitive.

Si pour peindre ce cuivre on se sert d'une toile très couverte, très peinte, d'une toile sur laquelle on aurait déjà peint plusieurs études, il sera alors possible d'exécuter cet objet en le peignant du premier coup, mais voici comment il faudra procéder :

Prenez un rasoir et grattez la toile de façon à ce que les épaisseurs de couleurs se trouvent nivelées, que la toile, sans être absolument lisse, ne soit plus rayée dans aucun sens. Procédez toujours par un dessin au fusain et, si la toile n'est pas blanche, unie, comme cela arrive quand on emploie de vieilles études sans les avoir au préalable recouvertes d'une couche de blanc, il faudra faire un ton composé d'ocre jaune et de noir d'ivoire, avec lequel on dessinera de nouveau en observant les valeurs, comme si on dessinait au fusain et en cherchant bien l'effet. Mais il faudra se garder de peindre; ce dessin doit être exécuté comme une aquarelle; on emploiera à cet effet de l'essence pure comme liquide et on dessinera avec des pinceaux de martre en ayant soin de ne pas mettre les lumières qui resteront réservées. Si on désire s'assurer de l'effet, on pourra frotter de craie la place des lumières sans aucun inconvénient.

Disons en passant et pour n'y plus revenir, qu'il est nécessaire, quand on veut utiliser de vieilles toiles, déjà peintes, de les recouvrir d'une couche de blanc de céruse que l'on étale sans y ajouter le moindre liquide. On peut cependant y mêler, soit un peu de noir d'ivoire, pour que le ton soit moins jaune, soit un peu d'ocre rouge; cette dernière préparation donne de bons résultats; nous en reparlerons plus tard.

Pour l'exécution définitive d'un objet en cuivre, tel que celui que représente notre dessin, voici comment il faudra procéder :

Commencer par peindre le fond, comme toujours en observant bien le rayonnement qui entoure l'objet, ainsi qu'il a déjà été dit pour la première étude d'un livre. Ce rayonnement ne doit se voir que de très près et quand on le cherche, mais il est indispensable. Sans lui l'objet semblerait collé au fond, on n'y devinerait pas l'air ambiant qui doit circuler entre le cuivre et le fond.

Il faut d'abord terminer le fond *provisoirement*. Nous disons ainsi parce qu'il est bien certain qu'à la fin de l'étude on sera obligé de remettre des colorations dans le fond, mais toutefois sans repeindre jusqu'aux contours du vase de cuivre puisque nous avons déjà dit que le contour des objets doit recouvrir le fond et que si c'était au contraire le fond qui vienne faire épaisseur sur les objets, malgré les valeurs justement observées la facture nuirait à l'illusion, donc on commencera par peindre le dessus du couvercle qui a la forme d'un rond en perspective en ayant soin de l'exécuter dans le sens horizontal (fig. 1).

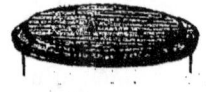

Fig. 1.

Puis on ajoutera les cercles du dessous, en plaçant d'abord le ton le plus foncé, la demi-teinte, le reflet et en terminant par la lumière qu'on placera d'abord d'un ton un peu moins clair qu'on ne le voit, afin de se réserver un éclat plus vif, s'il est nécessaire. Ces lumières peuvent se peindre avec une épaisseur de couleur illimitée, toutefois, il faudra avant d'exécuter définitivement, bien regarder l'ensemble pour s'assurer de l'endroit où se trouve le plus grand clair, car il ne doit pas y en avoir deux aussi vifs l'un que l'autre pour le bon effet de l'ensemble.

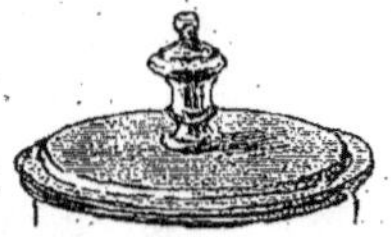

On continuera en exécutant de la même manière le bouton qui surmonte le couvercle (fig. 2).

Fig 2.

Pour ce travail, il est indispensable de se servir de pinceaux de martre, de pinceaux plats pour peindre et de pinceaux ronds, un peu longs de poils, pour bien dessiner la forme des lumières. Il faudra ensuite continuer par le col du vase en procédant toujours de la même manière l'ombre, la demi-teinte, le reflet, le clair en finissant par la lumière.

Toute cette partie sera peinte par touches verticales pour poser les tons (fig. 3), et on terminera en lissant légèrement de manière à fondre le tout avec la grosse brosse de martre. Ce travail

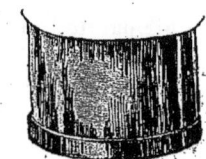

Fig. 3.

devra être fait légèrement et dans le sens contraire, c'est-à-dire horizontalement et sensiblement dans le sens rond de la perspective comme l'indiquent les lignes du dessin ci-contre. A cet effet, la brosse de martre devra toujours être tenue pleine d'essence et essuyée après chaque coup donné, c'est indispensable pour la réussite de cette délicate opération (fig. 4).

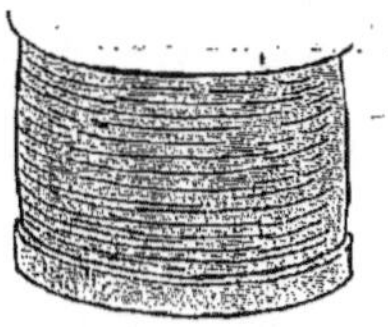

Fig. 4.

Le corps du vase s'exécutera ensuite, en peignant d'abord le dessus par touches, bien dans le sens de la forme, comme l'indiquent les lignes du dessin (fig. 5).

On terminera cette partie, en lissant dans le sens horizontal, avec la brosse de martre, toujours très légèrement et en observant le sens des ronds en perspective comme l'indiquent les lignes du dessin ci-après.

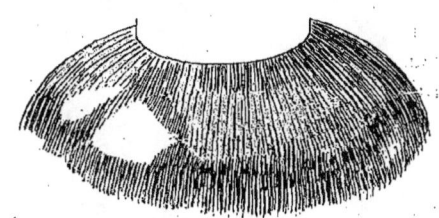

Fig. 5.

Le corps du vase se continuera en peignant verticalement jusqu'au cercle qui le divise (fig. 6).

Il sera ensuite lissé en sens contraire, comme il vient d'être dit plus haut (fig. 7).

On terminera cette partie en y ajoutant la grande lumière qu'il faudra très grassement empâter.

Pour peindre le bas du vase jusqu'au pied, il faudra placer l'ombre de gauche tout d'abord, puis la demi-teinte de droite et du centre et

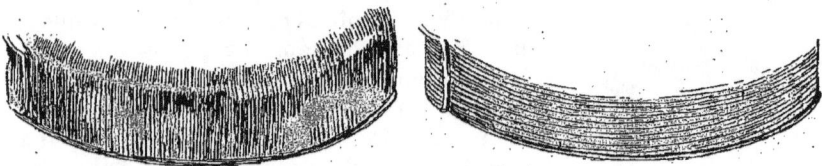

Fig. 6.   Fig. 7.

finir par le reflet de la table qui doit être exécuté très lisse, sans aucune épaisseur.

Le cercle qui réunit les deux parties du milieu du corps du vase

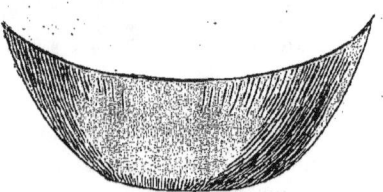 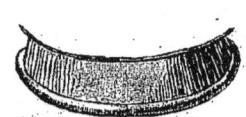

Fig. 8.   Fig. 9.

sera peint en dernier, quand on sera décidé à ne plus retoucher le travail (fig. 8).

Le pied du vase se peindra de la même manière que le col du vase,

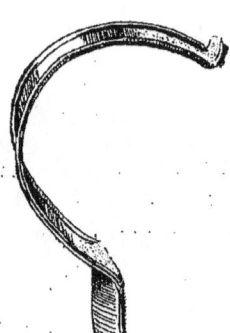

Fig. 10.

c'est-à-dire verticalement et le tout se terminera par le cercle qui entoure le pied du vase (fig. 9).

L'anse s'exécutera ensuite en plaçant les touches comme l'indiquent les lignes ci-contre et en terminant toujours par la lumière et le grand clair (fig. 10).

Le bec du vase s'ajoutera à la fin en plaçant les touches dans

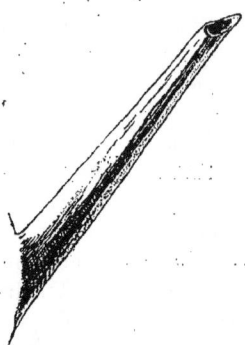

Fig. 11.

le sens de la forme, c'est-à-dire en diagonale, en commençant par le ton le plus foncé qui est au milieu, puis en ajoutant le reflet du dessous, la partie claire du dessus et en terminant par la grande lumière (fig. 11).

Les tons gris qui avoisinent les lumières seront bien observés.

C'est par le ton froid de ces gris qu'on colore et obtient l'éclat des lumières. Ils sont d'une importance capitale de même que les tons gris occasionnés par la poussière dans les endroits creux difficiles à nettoyer. Le vert-de-gris, quand il s'en trouve, est aussi un élément qui aide l'artiste, le contraste de son ton froid est du plus heureux effet par opposition aux lumières qu'il aide à rendre plus brillantes.

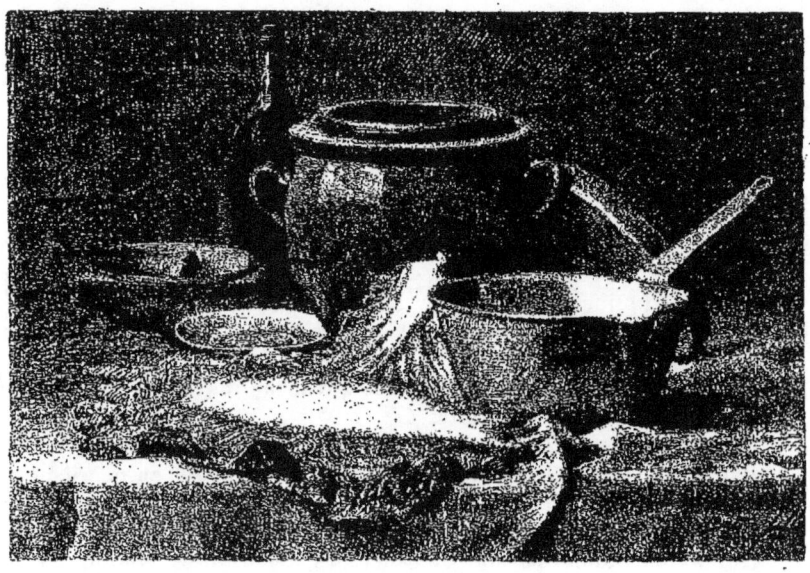

Ebauche imprécise d'un poisson.

Manière de peindre les poissons. — Quand on n'a pas une grande habitude de peindre, on se trouve très embarrassé pour étudier les poissons qui, ne conservant pas assez longtemps leur fraîcheur, changent vite de ton.

Si on peint un ensemble dans lequel se trouve placé un poisson, on ne peut y parvenir que si l'on procède de la façon suivante : il faut grouper l'ensemble des objets, en réservant la place qui sera occupée par le poisson en le dessinant momentanément de mémoire, puis on ébauche le tout en peignant avec peu de couleur.

Si l'on a déjà peint des poissons, on se servira d'une étude pour ébaucher ; si, au contraire, on ne possède aucun document, il sera bon d'ébaucher la place du poisson, dans des tons clairs, d'une manière vague et d'un dessin imprécis dans les contours.

Quand l'ébauche sera bien sèche, on se procurera un poisson que l'on disposera pour être peint à l'endroit réservé dans l'ébauche.

C'est par ce poisson qu'on commencera à peindre. Il faudra d'abord le dessiner comme il a été dit précédemment sur la manière de peindre un livre, c'est-à-dire en dessinant avec de la craie ou du fusain, puis en corrigeant ce dessin par un autre dessin au pinceau indiquant bien le modelé. Pour ce dernier trait, il ne faut pas faire un ton brun comme celui qui a été recommandé pour le livre, car il pourrait être gênant si on peignait un poisson dont les tons nacrés sont très clairs.

On aura soin de faire un ton foncé se rapportant à une coloration observée parmi celles du poisson.

Le dessin terminé, on commencera à peindre en se servant d'un liquide très siccatif composé de deux parties de siccatif de Courtrai et une autre partie d'essence et d'huile de lin mélangées.

Le siccatif a la propriété de faire sécher les couleurs rapidement lorsqu'il est employé presque pur et nous recommandons son emploi en cette circonstance afin que l'ébauche puisse être reprise de suite, puisque le poisson ne se conservant pas, doit être peint dans une seule séance.

On doit toujours commencer par les parties les plus foncées ; les ombres se peignent en employant peu de couleur dans la brosse, afin d'obtenir plus de transparence, les demi-teintes se peignent un peu plus épaisses, en demi-pâte et les lumières qui se mettent en dernier peuvent seules être empâtées à volonté.

Rappelons, en passant, que les épaisseurs de couleur ne sont pas indispensables au relief ; on obtient tout autant d'effet en peignant avec des frottis et peu de couleur, si l'on a bien observé la justesse des valeurs.

Nous demandons pardon aux lecteurs des redites volontaires qu'il rencontre, mais nous savons, par expérience, qu'il faut répéter souvent les mêmes choses pour que l'élève ne les oublie pas.

Quand on a terminé l'étude du poisson, ce qui demande quelques heures, le siccatif dont on s'est servi fait son effet, et la peinture, sans être absolument sèche, se trouve dans un état poisseux bien commode pour faire des retouches. Il est très facile alors d'ajouter des lumières qui s'accrochent aisément à la place où l'on désire les poser, tout en se fondant avec la pâte du dessous qui n'est ni assez fraîche pour que la nouvelle peinture s'y mêle trop, ni assez sèche pour que les retouches restent visibles.

Quand le poisson est terminé, on continue par l'exécution des autres accessoires ; mais, avant toute chose, il faut avoir soin de bien observer les valeurs. Si le poisson est blanc et qu'il y ait d'autres tons blancs dans la composition, tels que linge, papier, etc., il faut bien s'assurer pendant que le poisson est dans toute sa fraîcheur et son éclat, de la valeur et de la couleur des autres blancs.

Cela fait, on pose des touches bien en valeur aux endroits voulus pour servir de guide quand le poisson tout à fait abîmé aura changé de ton et perdu l'intensité de sa valeur claire.

L'effet de lampe. — Pour peindre une nature morte éclairée par une lampe, il faut faire poser les objets dans une pièce dont on a d'abord assuré l'obscurité complète en bouchant portes et fenêtres. Lorsque tout est combiné et que la lampe est allumée, on s'installe pour travailler dans une pièce attenante et bien éclairée. Si l'on n'a pas à sa disposition deux pièces facilitant une bonne installation, il faudra alors organiser un paravent et une draperie, ainsi que l'indique le dessin ci-contre, de manière à obtenir un coin obscur autant que possible.

Pour une nature morte de petite dimension on peut utiliser un placard ou une armoire, que l'on place à contre-jour dans la pièce qui sert d'atelier.

Voici comment il faudra procéder : Dessinez au fusain en cherchant l'effet au moyen des valeurs et en réservant le ton de la préparation de la toile, pour faire le grand clair de la lampe et les objets très éclairés. Quand la mise en place sera jugée bonne et l'effet déjà obtenu, on fixera le dessin avec un vaporisateur et du fixatif (se méfier du fixatif vendu chez les marchands de couleurs, il est souvent insuffisamment pourvu de gomme laque. On fait soi-même d'excellent fixatif en faisant dissoudre quelques grammes (cent grammes environ) de gomme laque jaune ou blanche dans un litre d'esprit-de-vin). Quand le dessin est fixé, on redessine le tout avec de l'encre pure, ordinaire et noire, en tenant compte des valeurs. Ce second dessin se fait avec une ou deux brosses et un vieux pinceau de martre ; les demi-teintes s'obtiennent en ajoutant un peu d'eau dans l'encre. Une assiette ordinaire en porcelaine blanche sert de palette si on ne possède pas une palette de faïence.

L'ébauche de l'effet de lampe. — Il n'est pas inutile de répéter qu'il faut commencer par ébaucher le fond.

Si l'abat-jour est lumineux comme celui que représente notre dessin, il faudra commencer par peindre les parties les plus claires du dessus et continuer par la dentelle qui retombe autour.

Le dessin à l'encre, s'il a été sérieusement fait et si les valeurs ont été bien observées, permettra d'avancer beaucoup l'ébauche qu'avec un peu d'habitude on terminerait du premier coup.

Quand l'abat-jour sera ébauché, il faudra régler le fond et le faire vibrer. Il arrive rarement qu'un fond soit bien juste du premier coup ; car, malgré une très grande habitude de peindre, on ne peut jamais prévoir la force des colorations que ce fond doit accompagner.

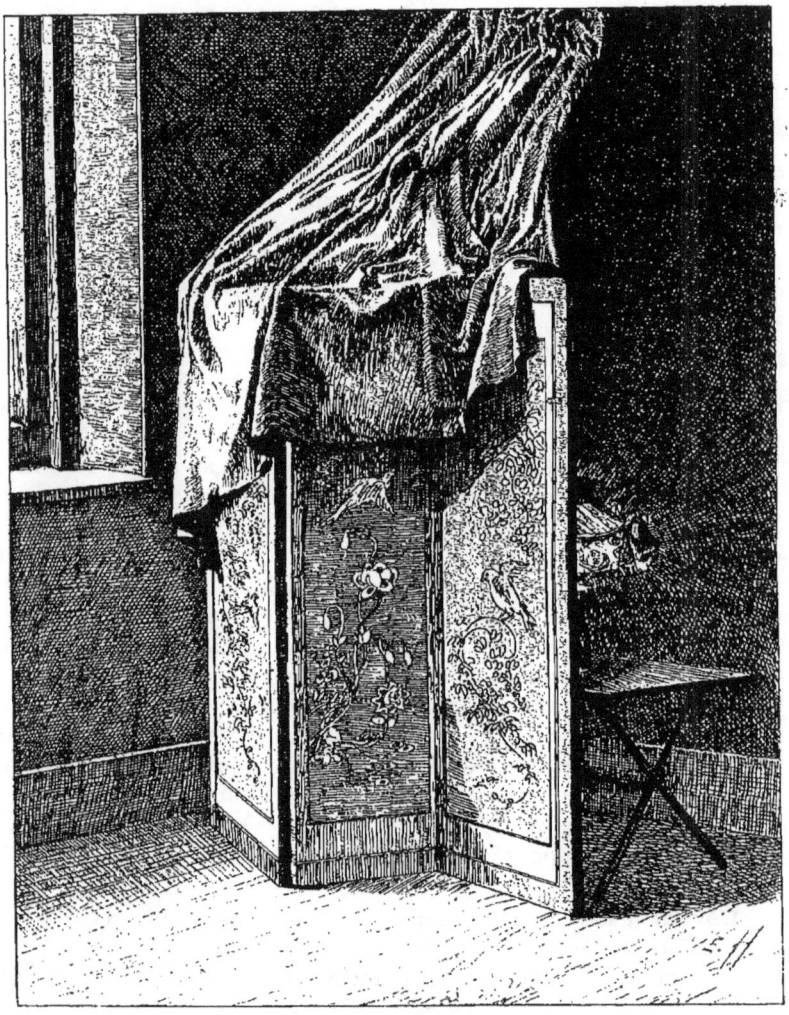

Aménagement pour l'effet de lampe.

Le fond qui entoure un objet lumineux doit être lui-même rempli des vibrations de la lumière, mais il faut que ces vibrations ou ces touches lumineuses soient atténuées et relativement colorées qu'elles ne puissent apparaître que vue, de près et à la suite d'un examen attentif.

Le fond doit nécessairement être peint par touches et avec des tons complémentaires, la lampe qui nous sert de modèle étant une lampe à pétrole et l'abat-jour étant, en soie jaune-orangé, les touches du fond seront nécessairement violettes, jaunes, rouges et vertes, tout en formant un ensemble très foncé et d'un ton indéfinissable. On aura soin d'éviter les sécheresses; tous les contours doivent être noyés, et presque invisibles de près, sans ligne de démarcation déterminée; c'est par cette enveloppe des formes qu'on donne l'illusion de la lumière.

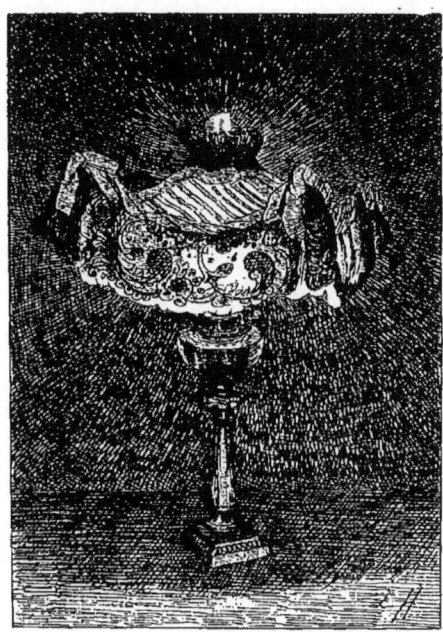

Effet de lampe.

La valeur des noirs de la dentelle a une importance considérable.

Si elle n'était pas très exacte, elle empêcherait le fond de paraître éloigné et profond; les noirs de cette dentelle sont, à certains endroits plus foncés que le fond. Les papiers et les fleurs qui semblent très clairs sont beaucoup plus montés de ton qu'on ne suppose; ils sont surtout très colorés, il est à remarquer que plus on colore, plus on fait lumineux.

Répétons, en passant, que le blanc n'est pas lumineux et que c'est une très grande erreur de penser que la peinture blanche est la peinture la plus claire. Il sera facile de se rendre un compte exact de ce que nous affirmons quand l'ébauche sera suffisamment sèche, on procédant comme il sera dit plus loin.

L'ébauche de la lampe et du fond étant terminée, ainsi que le dessin du bureau, avec l'encrier et les papiers, on terminera par les livres, le dessous de la tablette et le corps du bureau.

Terminaison de l'étude. — Lorsqu'on terminera cet effet de lampe, après l'avoir laissé sécher quelques jours, on s'apercevra généralement qu'il est décoloré. Cette constatation a presque toujours lieu quand on

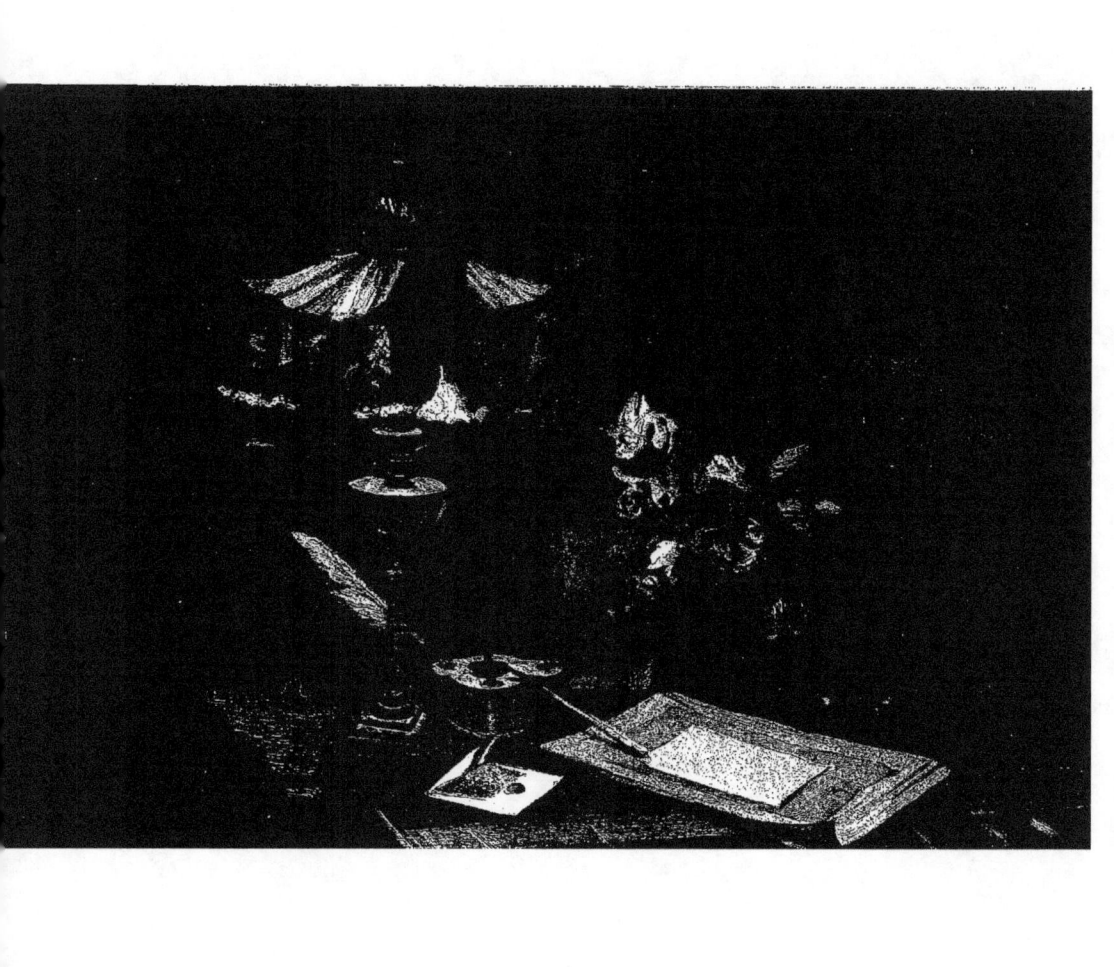

n'a pas fait beaucoup d'études peintes et qu'on n'est pas préparé à toutes les causes d'insuccès que révélera l'expérience. Lorsqu'on a fait cette remarque, et c'est ici qu'on se prouvera à soi-même qu'un ton coloré est plus lumineux qu'un ton clair, ou blanc, il faudra faire un *frottis* en *glacis*, avec un ton composé de cadmium foncé et de vermillon, ou bien, ce qui vaut mieux, avec de la mine orange et du blanc de zinc ; ce glacis pourra être augmenté et renforcé tant qu'on le jugera utile et il démontrera, que plus on aura coloré les tons clairs, plus on les aura foncés, plus ils sembleront lumineux, si on a bien observé leur valeur et leur couleur.

Il faut aussi bien observer le ton des ombres ; c'est là une des grandes conditions pour faire lumineux. Le ton froid des ombres est un auxiliaire puissant qu'il faut bien connaître et utiliser.

Les tons des ombres sont excessivement difficiles à peindre et ce serait une profonde erreur d'en méconnaître l'importance, car, ce qui a fait faire un progrès immense à la peinture moderne, progrès vers la lumière, s'entend, ce qui a fait colorer les tableaux et sortir des tons jaunes, monochromes et tristes dans lesquels on peignait autrefois, c'est la coloration des ombres qu'on négligeait de rechercher. Il semble qu'on ne se soit préoccupé que des lumières sans tenir compte que les ombres avaient aussi leurs colorations, et que, pour en être moins saisissables elles n'en étaient pas moins importantes.

C'est ce que les impressionnistes ont su voir et c'est à eux qu'on doit le rajeunissement de la peinture moderne, ainsi que nous l'expliquerons dans la partie qui traitera du paysage.

Nous avons encore une recommandation à faire, c'est de ne pas considérer comme terminées, des parties remises en valeur par un frottis ; à la rigueur, ce moyen peut s'employer dans certaines parties d'ombres où il est recommandé de ne pas peindre fortement, mais, dans les lumières, il ne faut pas de paresse, ni de négligence, il faut repeindre les parties remises en valeur par le frottis pour éviter que ces parties ne changent et ne noircissent rapidement. D'ailleurs, si les ombres deviennent lourdes et bouchées quand on les a repeintes à plusieurs reprises, par contre les lumières et principalement les blancs, gagnent en finesse de ton à être repeints plusieurs fois.

Natures mortes en plein air. — Les études de natures mortes en plein air sont d'une grande utilité. Nous les conseillons vivement à tous les peintres, parce qu'elles accoutument l'œil à comprendre la *théorie du tout dans tout*. C'est-à-dire, que dans un simple pot, il y a les tons, ou si on veut, les reflets de tous les tons environnants.

Cette théorie qu'on doit d'ailleurs appliquer à tout pour qu'un ensemble se *tienne*, est plus visible dans la nature-morte en plein air que partout ailleurs. L'élève sera surpris des observations qu'il fera. Un simple pot quelconque lui fournira une multitude de constatations et il pourra à son gré les décupler encore, en faisant une série d'études avec ce pot qu'il peindra par tous les temps et tous les effets, le soleil, la pluie, l'effet gris. Le pot placé en plein soleil, le pot placé dans l'ombre, tout près du soleil qui l'éclairera en reflet, le pot placé tout à fait dans l'ombre et reflété de différentes façons, par le ciel, par le terrain, par les arbres, par un mur, etc., etc..... L'effet de pluie, pendant et après la pluie procurera aussi une source intarissable d'observations et d'études aussi intéressantes que nouvelles.

Toutes ces études peuvent se refaire avec des pots différents de couleur et de forme. Un grès mat et un grès ou une faïence vernissée donneront matière à observations nouvelles. Enfin le cuivre d'un chaudron sera l'objet d'une foule d'études aussi instructives qu'amusantes pour l'élève qui s'y adonnera consciencieusement.

Le linge en plein air. — Quand on habite la campagne, ne fût-ce que quelques jours, au moment des vacances, il est bien rare qu'on n'assiste pas aux travaux d'une lessive, soit dans la maison qu'on habite ou ailleurs. Pour le peintre, il y a toujours une foule d'observations à faire et de nombreuses études à peindre, même quand on ne s'occupe que de natures mortes.

Si on dessine assez pour aborder les études de figures, le champ devient alors si vaste qu'on pourrait y passer sa vie en y découvrant toujours de nouvelles études et de nouveaux tableaux à peindre.

Pour ne parler ici que des natures mortes, nous dirons que tous les accessoires, les seaux, baquets, paniers, corbeilles, tréteaux, les voitures même (quand le linge est porté à la rivière pour être lavé) sont intéressants à peindre. Le linge mouillé en paquets, le linge étendu à terre ou pendu sur des cordes, sur des haies, des arbres, des clôtures, etc., etc... sont curieux à observer pour un peintre et fournissent au coloriste des sujets aussi variés qu'innombrables. Le linge blanc placé à contre-jour, avec la transparence du soleil qui donne des tons jaunes si extraordinaires, les ombres portées bleues, qui dans ce jaune viennent mettre un ton complémentaire si réjouissant pour l'œil du peintre, offre des études très intéressantes.

Les différences de couleur des linges blancs sont aussi variées à l'infini et fort récréatives à étudier. Quant au linge de couleur et au linge blanc étendu à terre, nous pensons, qu'à elles seules, les études qu'on pourrait en faire occuperaient de longs mois.

M. Renard-Brault, à la manufacture de Sèvres, explique à ses élèves, une théorie très ingénieuse qui les amène à comprendre rapidement la science des valeurs. Cette théorie est basée sur le rayonnement de la lumière des objets clairs et sur l'unité de la lumière répandue sur un même plan. Pour bien faire comprendre cette théorie, M. Renard-Brault dit à ses élèves, pour ce qui concerne l'unité de la lumière sur un même plan, que, un drap blanc et un drap noir, placés à côté l'un de l'autre sur le même plan de terrain, sont égaux de valeurs, ou si on aime mieux, pas plus foncés l'un que l'autre. A la première inspection, on se récrie, en effet, cela semble incompréhensible; on n'admet pas facilement que du blanc ne soit pas incontestablement plus clair que du noir, mais on

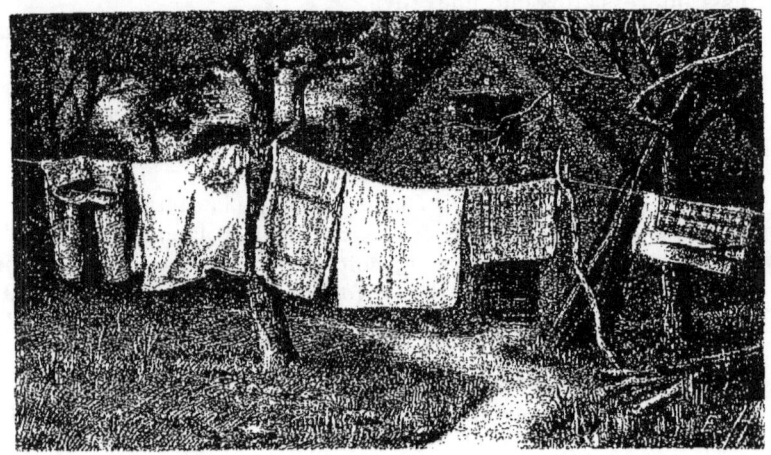

Etude de linges en plein air.

est bien vite obligé de se rendre à la preuve que le professeur nous en donne par sa démonstration. Et les jeunes élèves qu'il a formés en très grand nombre, montrent par la rapidité de leurs progrès, que cette manière d'enseigner le dessin par les valeurs est de beaucoup supérieure à l'enseignement de nos routinières écoles. A l'étranger, où on est plus pratique que chez nous, on a vite compris la portée d'un tel enseignement. Dès que les résultats obtenus par le savant professeur ont été connus, des professeurs étrangers lui ont demandé des conseils sur l'application de cet enseignement, voire même des leçons.

Pour en revenir à la démonstration théorique qui nous occupe et dont nous reparlerons longuement dans la troisième partie de cet ouvrage, partie qui traitera du Paysage, nous dirons que le professeur de la Manufacture Nationale prouve la justesse de ce qu'il avance en ne cherchant que la valeur de ces deux draps, l'un blanc et l'autre noir. Il démontre, palette en main, que le blanc est très coloré, que le noir ne l'est pas moins, mais que la couleur seule différencie ces deux draps qui sont de valeur égale, que, ce qui au premier aspect semble noir, n'est que coloré, mais beaucoup plus clair qu'on ne se l'imagine généralement. Quand l'artiste a peint ces deux objets et qu'il a exécuté le terrain qui se voit autour des deux draps, on est surpris et frappé de la vérité de la démonstration (fig. 1).

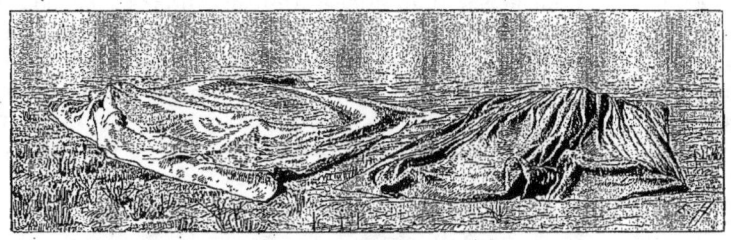

Fig. 1.

Puis M. Renard-Brault recommence une expérience contraire, c'est-à-dire, en faisant un drap noir, comme on se l'imagine généralement et alors on est encore plus surpris de l'incontestable démonstration qui a précédé, car cela fait un trou dans le terrain. En résumé, voici la théorie réduite à ces quelques mots : « *La valeur d'un terrain est la même sur un même plan, quelles que soient les colorations diverses de ce plan.* » Ce qui prouve que cette théorie est très juste, c'est que, si on veut faire l'expérience inverse, on obtient beaucoup moins de lumière (fig. 2).

Regardez une route blanche en plein soleil ; examinez la valeur des

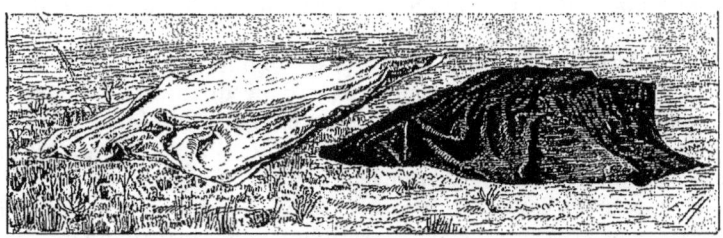

Fig. 2.

herbes qui la bordent ; peignez d'abord, comme vous croyez voir cette herbe, c'est-à-dire bien plus foncée que la route poussiéreuse ; puis, appliquez la théorie qui vient d'être décrite, en peignant l'herbe aussi claire que la route, et vous serez stupéfié de la différence de lumière que vous aurez obtenue. L'une sera une étude de soleil, l'autre semblera terne comme un effet gris.

Voici encore un conseil que M. Renard-Brault écrivit à un élève et les dessins qu'il a joint à ses observations : « Étant donné que l'on veut faire de la peinture, il faut commencer par dessiner des objets simples, exemple, un pot de grès. Il faut d'abord chercher la forme, en vérifiant constamment si les points cherchés sont bien en rapport à la ligne verticale et à la ligne horizontale. Si cette observation se fait souvent et avec soin, on parviendra vite à dessiner juste. Ensuite, il faut mettre le pot en valeur sur le fond, c'est-à-dire mettre le dessin dans la gamme du modèle, et chercher où se trouvent placés le plus grand noir et le plus grand clair, en tachant le pot et le fond avec des valeurs relatives.

« Dessiner c'est chercher la forme exacte des noirs et des clairs. Il n'y

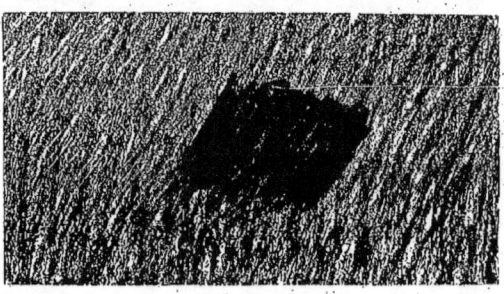

Fig. 3.

a pas de lignes dans la nature, il n'y a que des plans ; comme ce sont les valeurs qui font les plans, il n'y a pas de relief quand il n'y a pas justesse de valeurs.

« On éclaire un noir par un noir plus violent (fig. 3).

« Autour d'une lumière il ne peut y avoir que de la lumière, relative si vous voulez ? mais une sorte de rayonnement lumineux doit auréoler la lumière. Si vous voulez qu'une bougie éclaire, faites rayonner la lumière dans le fond qui l'entoure (fig. 4). »

Comme *rien n'est nouveau sous le soleil*, voici un extrait d'un discours sur la peinture, prononcé à l'Académie par Jean-Baptiste Oudry, le célèbre peintre d'animaux, et reproduit par Charles Blanc dans son bel ouvrage *Histoire des peintres de toutes les écoles* :

« La nature vous fera voir qu'il est faux que des pieds bien éclairés se puissent trouver sur un pavé ou sur une terrasse fort brune, quand même ils poseraient sur une étoffe noire ; elle ferait masse claire avec eux et ils n'en seraient détachés que par leur propre couleur, mais avec cet accord que donne la lumière, qui, frappant sur ces pieds, frapperait également sur l'endroit où ils seraient posés. »

70 COURS COMPLET DE PEINTURE A L'HUILE

Oudry a donc démontré à sa façon une théorie qui se trouve être la même que celle de M. Renard-Brault. Ces deux artistes se sont rencontrés, ainsi que cela se voit fréquemment, mais on a peine à s'expliquer comment une vérité aussi flagrante n'a pas été mise aussitôt en pra-

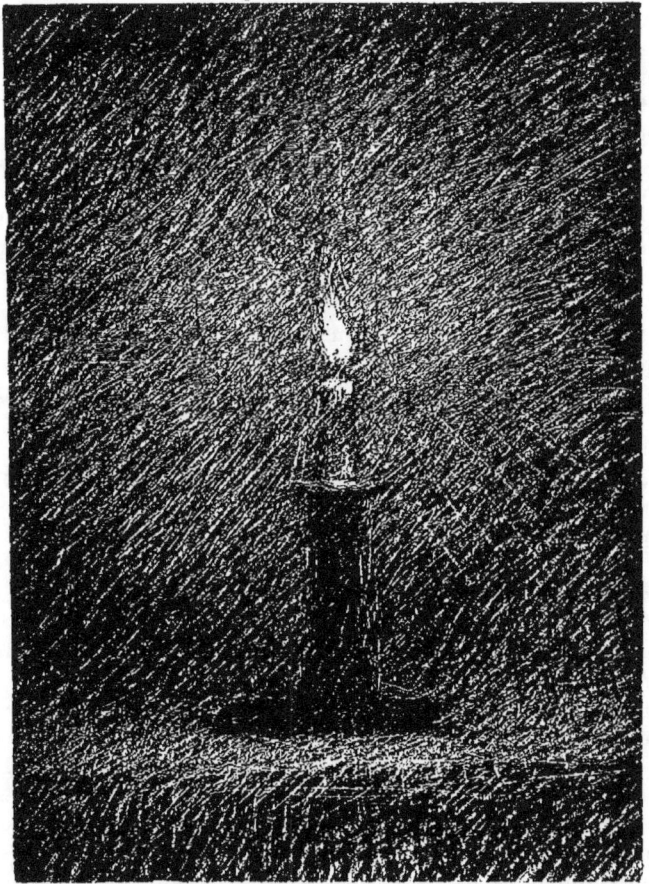

Fig. 4.

tique, après que le discours d'Oudry a été connu. Pourquoi s'est-on si longtemps cantonné dans la peinture noire? Pourquoi, devant une révélation aussi frappante, n'a-t-on pas immédiatement professé cet enseignement? C'est que, la routine, le parti pris, etc., etc... *C'est que, c'est que je n'en finirais pas*, comme a dit le poète.

Le paysage et le plein air nous fourniront l'occasion de dire sur ce sujet beaucoup de choses utiles aux jeunes artistes et aux débutants.

Le fini et le léché. — Il est de toute nécessité de pousser aussi loin que possible l'exécution ; il faut savoir finir une étude. Savoir finir est une science qui embrasse tant de choses qu'on pourrait écrire un volume à ce sujet ; mais sans vouloir nous étendre aussi loin et en prenant toute l'attention possible pour ne pas fatiguer le lecteur, nous pensons qu'il est utile de dire au moins quelques mots à ce sujet.

Finir, pour un débutant, c'est mettre tous les plus petits détails. Il s'imagine que, lorsqu'il aura mis toutes les lettres qui forment le texte imprimé sur la page du livre qu'il peint, il aura fait une œuvre d'art. L'idéal à atteindre pour ce novice, c'est qu'on puisse lire sur sa toile, comme sur la véritable page du modèle. C'est là une erreur qu'il faut signaler, car elle pourrait avoir une influence pernicieuse sur l'avenir d'un talent réel. L'exagération contraire est aussi un défaut, mais il est plus facile de s'en corriger quand on a, dès le début, reçu de bons principes. L'*exécution*, le *fini* ne sont que des qualités secondaires ; elles s'acquièrent avec de la volonté, de la patience et surtout de la persévérance.

Il faut, en peinture comme en beaucoup de choses, savoir s'arrêter à temps. C'est là la difficulté. C'est cela qu'il faut apprendre. Le *laisser aller*, le *lâché*, les *négligences* dans un tableau, comme dans toutes les œuvres d'art, sont toujours agréables à la condition que ces négligences soient savamment appropriées.

Le commençant qui *lâche* ou *néglige* une étude ne nous intéresse pas, parce qu'il le fait sans discernement et par ignorance. Mais l'artiste qui, par calcul, et pour ménager un effet dans son tableau, néglige les parties qu'il ne veut pas qu'on remarque, l'artiste qui sait faire des *sacrifices* à propos, pour conduire l'œil du spectateur au point où doit se concentrer l'effet, celui-là est un savant et un charmeur. Quand on ne sait rien, on simplifie par ignorance, et pour éviter tout ce qui semble trop difficile à exécuter. Quand on sait beaucoup, on simplifie pour le bien du tableau. Ces résolutions sont parfois plus pénibles qu'on ne pense, on ne peut se résoudre à enlever un morceau bien venu. C'est à regret qu'on se résigne à supprimer une partie bien exécutée, tant, hélas ! la vanité humaine ne perd pas ses droits et l'orgueil est grand, même chez les hommes les plus simples.

En un mot, l'entente du tableau est une science très grande, où les *sacrifices*, les *sous-entendus* doivent être raisonnés et savants. Le vrai talent doit se faire pressentir dans ce qu'il sous-entend autant que dans ce qu'il montre.

Pour terminer, nous donnerons encore ce conseil : Faites des études poussées dans l'exécution des détails et ne les abandonnez que lorsque vous n'y pourrez plus rien ajouter. Puis faites des études simples en ne cherchant que les plans et les masses d'ombre et de lumière, en ne pensant qu'à l'enveloppe et à l'ensemble, en supprimant tous les détails. Il est bon de méditer ces paroles : « *La vérité des petites choses, en peinture, nuit quelquefois à la vérité des grandes.* » (Ch. Blanc, *Histoire des peintres*.)

Explications de quelques procédés qu'on nomme les trucs de la peinture. — Tous les artistes ont des procédés particuliers, personnels, des *trucs*, comme on dit dans les ateliers.

Certains peintres habiles ont inventé des moyens souvent fort ingénieux pour les aider dans l'imitation des objets qu'ils copiaient. Toutes ces tentatives sont bonnes, mais cela ne veut pas dire qu'il faille s'en servir, car ce sont des procédés, et le *procédé*, le *métier* ou le *moyen*, comme on voudra l'appeler, doit toujours rester invisible, sous peine d'enlever le charme, qui est l'art même. Si l'on voit comment l'ouvrier a procédé pour obtenir un effet, la sensation d'art disparaît pour faire place à la peinture, qui, au lieu d'élever l'âme, éveille seulement la curiosité.

Exemple : — Un jeune artiste de beaucoup d'avenir exposa un jour au Salon un tableau de nature morte, représentant des armures. Ce tableau qui eut un certain succès, ne prit cependant pas les artistes sincères et consciencieux, car les procédés, bien que peu connus, blessaient trop leur œil exercé ; le jeune peintre s'était servi d'un *truc* qui parut d'abord nouveau, quoiqu'il n'en eût pas été l'inventeur, c'était de la poudre de bronze blanc qu'il mêlait à la peinture pour obtenir le ton du fer. C'était charmant comme imitation, et j'avoue que je m'extasiai devant le rendu étonnant de ces armures, absolument comme le gros public. Il fallut, pour m'ouvrir les yeux qu'un grand et véritable artiste, j'ai nommé Jules Breton, me montrât et m'expliquât pourquoi ce n'était pas bien. Il le fit avec sa bonhomie et sa modération habituelles, mais aussi avec une sûreté de jugement si étonnante qu'on aurait pu se demander s'il n'avait pas reçu les confidences du jeune peintre.

J'étais désillusionné, et je demandai au maître ce qu'il pensait de l'œuvre en général, voici ce qu'il me répondit :

— Si l'auteur de ce tableau est un tout jeune homme et s'il est doué d'une grande énergie, il pourra encore s'en tirer, en se mettant à travailler avec ardeur. Il devra s'efforcer, non seulement d'apprendre à dessiner, car il ne sait pas, mais encore, et ce sera là sa plus rude tâche d'oublier tout ce qu'il sait pour arriver à peindre autrement et naïvement. Mais j'ai bien peur qu'il n'y réussisse pas, car il sait tout ce qu'on peut savoir, comme métier, et il lui faudra une force de volonté peu ordinaire pour l'oublier.

Quant au succès auprès du public, cela n'a rien à faire avec la peinture. Ce n'est pas toujours la meilleure toile qui est admirée, car il faut une éducation artistique pour savoir juger et en général le public ne la possède pas. Aussi s'arrête-t-il plutôt à ce qui l'amuse, et c'est bien naturel.

Les peintres qui travaillent spécialement pour l'Hôtel des Ventes et fabriquent ces tableaux à effet, dont la facture, le brio, le semblant de fini étonnent souvent les visiteurs, ces *ouvriers*, devrions-nous dire, car ils sont plus adroits qu'artistes, connaissent et emploient des moyens très habiles et très variés pour obtenir facilement et surtout vivement une exécution qui semble précieuse.

Dans les natures mortes, par exemple, voici un moyen employé pour imiter les nielles les plus délicates qui damasquinent les armes de luxe ou les incrustations d'or ou d'argent qui ornementent les objets précieux. Si c'est un canon de fusil ou un pistolet qu'on désire damasquiner d'or, on aura soin de dorer préalablement la partie qui sera ornementée, en passant sur la toile du vernis ou du siccatif, puis, quand cette mixtion sera presque sèche, on étalera dessus du bronze jaune en poudre à l'aide d'une patte de lièvre. On obtiendra ainsi une partie dorée bien également, puis on laissera sécher quelques jours et l'on peindra ensuite par-dessus, en modelant le canon de l'arme, sans penser à conserver la partie dorée qui se trouvera entièrement recouverte. Cela fait, à l'aide d'un manche de pinceau taillé très fin, on dessinera dans la couleur fraîche tous les ornements désirables ; le trait, en écartant la couleur laisse apparaître l'or qui est dessous. Si l'on se trompe, il est aisé de refaire la partie manquée en repeignant et en recommençant, à la condition que la peinture n'ait pas eu le temps de sécher.

Ce procédé qui consiste à dorer la toile comme il vient d'être dit, est employé également pour imiter les cuirs de Cordoue.

On opère ainsi : quand l'or est bien sec on peint dessus avec des couleurs transparentes, comme le bitume, les laques de toutes sortes, la terre de Sienne naturelle ou brûlée, etc..., en ayant soin de peindre en glacis, c'est-à-dire, avec la couleur employée très liquide.

Le liquide employé à cet effet doit être gras et siccatif (sans essence de térébenthine). On peut aussi le faire avec du vernis gras, dans lequel on met un tiers d'essence de térébenthine.

Voici un autre procédé pour imiter la toile ou bien la trame des étoffes. On peint en demi-pâte les parties de premier plan de ces étoffes et quand elles sont peintes, on laisse sécher un jour seulement, si l'on a employé beaucoup de blanc dans le mélange des couleurs. Dans le cas contraire, on laisse sécher plusieurs jours, puis en touchant légèrement avec le doigt, on s'assure que la couleur presque sèche ne l'est cependant pas entièrement. C'est à ce moment qu'on applique de la véritable toile sur la peinture en posant le tableau bien à plat, puis on retire la toile, délicatement, et l'on obtient l'impression de tous les fils qui se sont incrustés dans la couleur.

L'imitation du bois de chêne est plus difficile et demande des outils spéciaux. Voici comment on l'obtient : On peint préalablement la partie qu'on veut décorer de cette imitation, en employant un ton de bois, moitié plus clair que celui qu'on veut obtenir définitivement. On prend à cet effet les couleurs suivantes : blanc d'argent, ocre jaune, ocre rouge et noir d'ivoire. Quand le ton désiré est obtenu, on peint bien soigneusement la partie sans faire aucune épaisseur ; on laisse sécher deux ou trois jours, puis on peint le chêne en imitant les pores du bois, à l'aide de peignes en acier, qui se trouvent chez tous les marchands de couleurs.

Le ton du chêne s'obtient avec de la terre d'ombre brûlée et de l'ocre jaune. On détrempe ces deux couleurs dans un récipient *ad hoc*, en y ajoutant deux tiers d'essence de térébenthine et un tiers d'huile de lin, dans lequel on a soin de mettre quelques gouttes de siccatif.

On peint avec ce ton, en employant le moins de couleur possible pour éviter les coulures.

Quand la couleur est étendue bien également on se sert alors de peignes d'acier de différentes grosseurs, en ondulant les coups de peigne et en croisant leurs lignes qui, passant l'une sur l'autre, donnent l'imitation des pores du bois.

Si les parties de chêne se trouvent trop nues, c'est-à-dire, s'il se trouve des panneaux par exemple, et qu'on ait besoin de *détails* pour les remplir et les orner, il sera aisé de les meubler en imitant la maille du bois de chêne, dessins gracieux et bizarres, qu'on ne rencontre que dans les bois de choix.

Voici la façon de les obtenir : Pendant que la couleur est fraîche, on coupe des bandes de drap larges de un centimètre et l'on enlève la teinte de chêne, en dessinant avec l'ongle du pouce garni de ce drap ; les mailles désirées s'obtiennent ainsi en laissant apparaître la teinte claire du fond.

Si l'on veut imiter les nœuds, comme il s'en rencontre souvent dans les bois rustiques employés pour les meubles communs, voici comment il faut opérer : Quand la teinte est étalée, on prend un bouchon de liège que l'on taille comme un crayon et l'on dessine avec la pointe la forme du nœud en frottant sur la couleur fraîche qui s'écarte et laisse voir le ton clair du dessous.

Quand le nœud est dessiné, on le perd de chaque côté dans les rayures du peigne d'acier à gros grains, puis on adoucit le tout avec une grosse brosse plate, bien sèche et bien propre et enfin l'on termine en passant un dernier coup de peigne d'acier à lames fines sur le tout.

Cette façon de procéder donne, avec un peu de pratique, une imitation parfaite, qui fait trompe-l'œil.

L'imitation du bois de noyer se fait en préparant le fond de la même manière que pour le bois de chêne. On peint ce fond d'un ton uni et moitié plus clair qu'il ne sera étant terminé, puis on fait un liquide composé d'un tiers d'huile de lin et de deux tiers d'essence de térébenthine. Dans ce liquide on détrempe de la terre d'ombre brûlée mélangée de noir d'ivoire ce qui donne une teinte de brou de noix. On étale cette

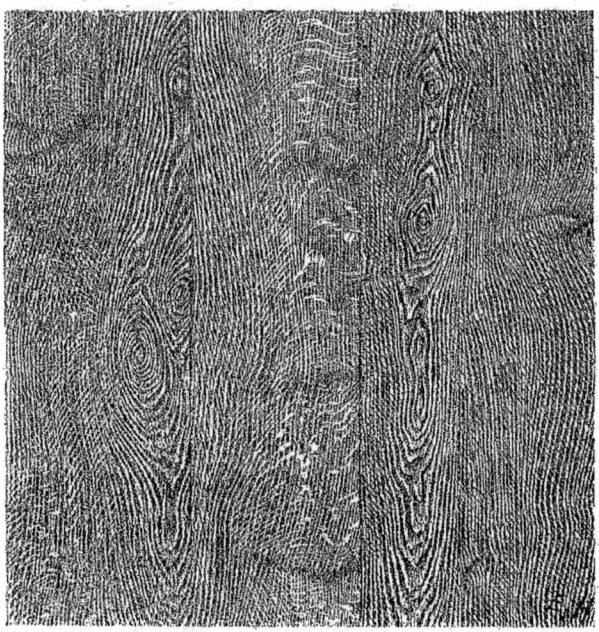

Imitation des pores du bois.

teinte comme on a fait pour imiter le chêne. Ceci fait, on dessine les nœuds et les gerbes qui caractérisent le bois de noyer en employant à cet effet une brosse plate, large de deux centimètres environ. On emploie pour ce dessin les couleurs suivantes qui se fondent déjà dans la teinte fraîche qui vient d'être étalée : noir, brun Van Dyck, terre de Sienne brûlée. Quand la gerbe est peinte, on trempe la brosse dans l'essence de térébenthine pure et l'on redessine par place quelques lignes. L'essence coule et entraîne la couleur fraîche, laissant ainsi des formes et des couleurs variées dont l'effet est très pittoresque. On laisse sécher un quart d'heure environ, puis on fond à volonté les tons trop durs en se servant d'une large brosse, *bien propre et bien sèche*.

Tous ces procédés sont ingénieux, mais ils confinent au trompe-l'œil et s'éloignent par cela même de l'art. Aussi ne doit-on les employer qu'avec une réserve extrême. L'imitation trop précise dans les détails enlève l'intérêt principal, la note d'art disparaît pour faire place à la curiosité, qui elle, ne se contente jamais.

Quand on veut trop prouver, on ne prouve rien, et plus on se complaît dans les détails infiniment petits, plus la masse du public en demande. Qui de nous n'a pas entendu maintes fois des profanes qui ne trouvaient pas que la photographie fût assez détaillée !

Nous ne cesserons de le répéter avec tous ceux qui se sont occupés de l'art de peindre. L'art n'est pas seulement l'imitation. L'imitation est le moyen, mais il ne doit apparaître que tamisé par le cerveau de l'artiste qui sait faire dominer sa pensée avant toute chose.

« La nature n'est qu'un vaste dictionnaire où l'artiste cherche les mots dont il n'est pas sûr, » a dit Théophile Gautier.

De la distinction dans l'art et des recherches à faire dans l'élévation des sujets à traiter. — La peinture doit être distinguée, c'est là une condition première de l'art.

Le choix du sujet, dans un tableau de nature morte ou de tout autre genre, ne doit jamais être trivial. Millet a dit qu'une pomme de terre était aussi belle à peindre qu'une orange. C'est aussi notre avis, à la condition toutefois qu'elle soit présentée d'une façon distinguée.

Nous ne pouvons nous étendre davantage et détailler par leurs noms les objets qu'on ne doit pas peindre. C'est une question de goût.

Philippe Rousseau a peint avec tant d'art des fromages hideux que la beauté de l'exécution fait oublier la laideur du sujet.

Le but de l'art étant d'élever l'âme, il doit être une récréation pour les yeux et pour l'esprit.

De l'originalité dans l'art. — Nous vivons à une époque où la peinture subit comme les autres arts, le malaise d'une transition. Toutes les convictions sont ébranlées, chacun cherche une voie nouvelle, ne voulant pas ressembler à un autre et tous s'empressent, au sortir des ateliers, de répudier les conseils qu'ils ont reçus pour tenter de devenir ce qu'on est convenu d'appeler *personnel*; il s'ensuit un désarroi puisque l'expérience que les maîtres transmettaient à leurs élèves, est devenue inutile. En effet, de nos jours, la qualité première d'un artiste, c'est l'*originalité*.

Il faut, avant tout, être *soi*, pour produire une véritable œuvre d'art.

Un tableau qui ne montre pas une note nouvelle, est un tableau sans intérêt, car toute œuvre d'un artiste qui évoque le souvenir d'un autre artiste, ne sera jamais une œuvre intéressante. Ce sera tout au plus un objet de curiosité comme l'industrie en fabrique chaque jour.

Les écoles flamande et hollandaise qui furent si célèbres à l'époque de Rembrandt, Van Dyck, Gérard Dow, Teniers, Rubens, etc., doivent leur prospérité à la sécurité dans laquelle vivaient ces peintres. Les élèves recevaient de leurs maîtres des leçons que plus tard ils transmettaient à leur tour. Les procédés restaient semblables ; tous peignaient avec les mêmes moyens et cependant ils surent garder chacun leur personnalité.

Nous conclurons donc que les peintres qui naquirent à cette époque, vécurent dans une quiétude qui ne ressemble en rien à notre époque tourmentée, où chacun a soif d'originalité. La vie matérielle était alors plus facile, l'art moins répandu et la concurrence moins active. On n'éprouvait pas le besoin d'inconnu qui nous agite en ce moment. Nous ne pouvons remonter ce courant sous peine d'y être noyé, car il est impétueux et sans digue. Aujourd'hui un artiste qui peindrait à la manière des Flamands, fût-il de la force de Rembrandt ne trouverait pas d'admirateur.

La révolution qui s'opère dans la manière de voir et de comprendre la peinture, nous a déjà donné de grands artistes. La recherche de la vérité absolue dans la composition des tableaux a fatalement entraîné les artistes dans le défaut qu'amène toujours chaque qualité. Ils s'occupent, peut-être, trop exclusivement de la copie exacte de la nature et manquent quelquefois de sentiment. Mais nous l'avons dit, nous ne sommes qu'au début de cette école nouvelle si réellement éprise d'art.

Le plein air, si courageusement introduit dans la peinture par Manet, a rafraîchi, rajeuni l'Art. Si notre école moderne a perdu un peu de sa poésie, elle a tant gagné en nouveauté et en réalité, elle a ouvert tant de nouveaux horizons, qu'on peut s'attendre à voir naître chaque jour des artistes qui, comme Bastien Lepage, seront la gloire de notre École.

Les peintres sont très nombreux, et chacun voulant apporter sa formule, il s'est produit des tentatives bien curieuses à observer. Aussi, cette originalité, si recherchée de nos jours, s'est-elle montrée sous des formes très diverses. Les uns se sont parfois imaginés tenir la fameuse pierre philosophale en abandonnant brosses et pinceaux, pour se servir exclusivement d'un couteau à palette, avec lequel ils peignaient toutes choses, au mépris absolu de la forme. D'autres croyaient avoir mieux trouvé en simplifiant encore et en réduisant l'outillage à sa plus simple expression ; ils peignaient avec les doigts, sans brosse, sans pinceau, sans couteau.

Un seul, c'est Courbet, a réussi quelquefois. Il est l'inventeur de cette funeste manière qu'on nomme peindre au couteau.

Mais nous nous empressons de dire que l'emploi du couteau qu'il a introduit dans sa manière n'a rien ajouté à son œuvre. Bien au contraire, il a rarement fait de belles toiles avec ce procédé. En effet, si quelques-unes, comme la vague qui est au musée du Louvre, dont le ciel si beau a été peint au couteau, sont merveilleuses, il en a laissé quantité d'autres inférieures. Ses véritables chefs-d'œuvre : *le Combat du Cerf*, *l'Enterrement à Ornans*, *la Remise des Chevreuils*, son propre Portrait, etc., sont des tableaux qui peuvent être comparés à tous ceux qu'ont peints les maîtres anciens et dans lesquels on ne trouve pas trace de couteau.

Nous expliquerons dans un chapitre spécial comment on se sert du couteau pour peindre, désirant qu'on ne l'emploie pas, mais persuadé que la curiosité du lecteur y trouvera quelque intérêt. L'originalité ou la personnalité dans l'art ne s'acquièrent pas par tel ou tel procédé.

C'est une erreur profonde de penser que l'on sera original si l'on emploie pour peindre, un outil où une manière inconnus des confrères.

L'originalité réside dans la manière de concevoir une œuvre et de la présenter d'une façon personnelle. Pour l'acquérir, il faut ne recevoir ses impressions que de la nature. C'est en travaillant seul avec elle, sans préoccupation des autres artistes, en oubliant surtout leurs œuvres, loin des coteries et des écoles qu'on trouvera une note individuelle.

La preuve de ce que nous avançons, c'est que les artistes qui ont eu une manière personnelle ont tous quitté l'atelier pour travailler seuls, en s'efforçant d'oublier les principes reçus des professeurs qui enseignent un art de convention et que chaque élève est forcé d'imiter sous peine d'être incompris. Quand on sait dessiner une figure, il faut quitter l'atelier ou le professeur et travailler seul, car les conseils pourraient gêner et faire perdre pour longtemps, quelquefois sans retour, les qualités de naïveté et de sincérité si indispensables à un artiste.

Si l'on a besoin de conseils, on en trouvera toujours de bons en consultant les maîtres anciens dans les musées ou collections. Mais nous le répétons, la nature est la véritable source où l'on puise l'originalité.

Il est peut-être plus long d'apprendre seul, le métier du peintre, il peut se faire qu'on mette plus de temps à acquérir ainsi la science voulue pour faire un tableau Il est aisé en effet de comprendre qu'on sait plus vite une chose qu'on nous montre, qu'une chose qu'il faut découvrir soi-même, mais, d'un autre côté, il faut, dans l'art, passer bien des années pour se défaire de la science apprise si péniblement. Nous pensons donc qu'il ne faut pas prendre au début de mauvaises habitudes qui coûteraient tant d'efforts quand, en ayant reconnu l'inutilité, on voudrait s'en affranchir.

La maladresse d'un débutant devient en travaillant de l'originalité, s'il est doué des qualités nécessaires à tout artiste. Corot a dit : « Il s'agit moins d'être adroit que de travailler beaucoup pour devenir un artiste, » et il ajoutait : « Un tiers pour l'aptitude et deux tiers pour le travail, sont des proportions suffisantes pour acquérir du talent et faire un bon peintre. » Nous sommes respectueusement de son avis.

TABLE DES PLANCHES HORS TEXTE

Etude d'un livre, 1er et IIe état (*planche en couleurs*)... 15
La palette complète chargée avec les tons composés (*planche en couleurs*). 17
Etude d'un livre, IIIe état et IVe état (terminaison) (*planche en couleurs*). 19
Toiles disposées pour obtenir des ombres sur le fond et sur les objets. 49
Groupe de poissons... 61
Effet de lampe (*planche en couleurs*)... 65

TABLE DES MATIÈRES

	Pages		Pages
Agrandissement d'une esquisse	53	Jaune de cadmium	23
Aspect (de l')	40	Laque jaune de Gaude	23
Bitume	22	Linge en plein air	66
Bleu de Prusse	20	Manière de charger la palette	19
Choix des objets préférables à peindre au début	10	Manière de peindre les cuivres	55
		Manière de peindre les poissons	60
Composition des tons	19	Manière de procéder pour faire un tableau et conseils sur la façon de le composer	50
Conseils sur l'emploi de certains tons	20		
Considérations sur les différents genres de peinture	3	Manière de reprendre une étude pour la terminer	24
Considérations sur l'art de peindre les natures mortes	5	Manière d'obtenir les ombres sur les objets	48
Couleur (la) n'existe pas réellement	30	Mise en toile	44
Distinction (de la) dans l'art	76	Natures mortes en plein air	65
Ebauche de l'effet de lampe	62	Originalité (de l') dans l'art	76
Effet	38	Palette chargée avec les tons composés	18
Effet de lampe	62		
Embu	42	Pochade	33
Empâtement	31	Procédé (le) ne doit jamais se laisser voir	28
Emploi du siccatif dans les couleurs	23		
Enveloppe	41	Proportion d'une esquisse déterminée par une ligne diagonale	54
Esquisse peinte	51		
Exécution	25 et 33	Rappels	37
Explication des valeurs	29	Réflexions sur la manière de grouper les natures mortes	46
Explications de quelques procédés qu'on nomme les trucs de la peinture	72		
		Tableau (le) et l'étude	49
		Tache	34
Facture	33	Tenue (de la) d'un tableau	40
Fini (le), le léché	71	Terminaison de l'étude	64
Frottis	32	Touche	33
Glacis	32	Vert Véronèse	23

ÉVREUX, IMPRIMERIE DE CHARLES HÉRISSEY

Librairie Renouard, H. LAURENS, éditeur, 6, rue de Tournon, Paris.

ALEXANDRE (Arsène). — **Histoire populaire de la Peinture.** 4 vol. grand in-8 illustrés d'environ 1 000 gravures. Broché. . 40 fr. Chaque volume se vend séparément :
— Écoles allemande, anglaise et espagnole, 1 vol., 215 grav.
— École française, 1 vol., 250 grav.
— Écoles hollandaise et flamande, 1 vol., 250 gr.
— École italienne, 1 vol., 250 grav.
Chaque vol. broché 10 fr., relié 15 fr.

BAUDOT (A. de) et PERRAULT-DABOT (A.). — **Archives de la Commission des Monuments historiques.** 5 volumes grand in-4° colombier, comprenant chacun 100 héliogravures, avec notices historiques, titre et table. — Prix en souscription . . 500 fr Chaque volume, en souscription, se vend séparément . . . . 110 fr.
Tome I. — Ile-de-France, Picardie.
Tome II. — Normandie, Bretagne, Anjou, Poitou.
Tome III. — Champagne, Lorraine, Bourgogne, Franche-Comté, Nivernais, Orléanais, Touraine.
Tome IV. — Lyonnais, Berry, Bourbonnais, Auvergne, Dauphiné.
Tome V. — Périgord, Gascogne, Languedoc, Provence.

BELLIER DE LA CHAVIGNERIE (E.). — **Dictionnaire général des artistes de l'école française**, des origines à 1882, architectes, peintres, sculpteurs, graveurs et lithographes, 3 vol. in-8 jésus, y compris supplément et table topographique . . . 82 fr. 50

BERUETE (A. de). — **Velazquez.** Préface de M. Léon Bonnat, de l'Institut. 1 vol. gr. in-4 jésus, avec 16 héliogravures, 68 gravures dans le texte, un portrait de Velazquez, gravé à l'eau-forte, par M. Léon Bonnat 60 fr.

BLANC (Charles). — **Histoire des Peintres de toutes les écoles**, par Charles Blanc, de l'Académie française et de l'Académie des Beaux-Arts, et divers écrivains spéciaux, 3 000 gravures, signatures, fac-similés, etc. 14 vol. in-4 jésus . . . . . . 800 fr. Chaque vol. se vend séparément.
— École allemande, 1 vol, 376 grav. . . . 30 fr.
— École anglaise, 1 vol., 145 grav. . . . 15 fr.
— École espagnole, 1 vol., 166 grav. . . . 15 fr.
— École flamande, 1 vol., 345 grav. . . . 25 fr.
— École française, 3 vol., 40 grav. . . . 75 fr.
— École hollandaise, 2 vol., 645 grav. . . . 50 fr.

Écoles italiennes :
— École bolonaise, 1 vol., 118 grav. . . . 10 fr.
— École Florentine, 1 vol., 175 gr. . . . 20 fr.
— Écoles milanaise, lombarde, ferraraise, génoise et napolitaine, 1 vol., 162 grav. 20 fr.
— Écoles ombrienne et romaine, 1 vol. 186 gravures . . . . 20 fr.
— École vénitienne, 1 vol., 160 grav. . . 20 fr.

— **Grammaire des Arts décoratifs.** — Décoration intérieure de la maison, nouvelle édition, 1 vol. in-8, 250 gravures, broché 10 fr.

— **Grammaire des Arts du Dessin.** — Architecture. — Sculpture. — Peinture. — Jardins. — Gravure en pierres fines. — Gravure en médailles. — Gravure en taille-douce. — Eau-forte. — Manière noire. — Aquatinte. — Gravure sur bois. — Camaïeu. — Gravure en couleur. — Lithographie. Nouvelle édition, 1 vol. in-8, 350 gravures, broché . . . . 10 fr.

CHEFS-D'ŒUVRE (les). — Peinture, sculpture, architecture. 5 vol. gr. in-4 (format 30×48) contenant ensemble 120 héliogravures exécutées d'après les photographies de la maison Braun, accompagnées chacune d'une notice spécialement rédigée pour la publication. Chaque volume . . . . 60 fr. Chaque notice avec sa planche. . 2 fr. 50

FLAT (Paul). — **Les premiers Vénitiens.** Préface de M. Maurice Barrès, 1 vol. gr. in-4 jésus, avec 16 héliogravures et 50 gravures dans le texte . . . . 40 fr.

HYMANS (Henri). — **Bruges et Ypres** (Collection *les Villes d'Art célèbres*), 1 vol. petit in-4°, avec 120 gravures, broché . 3 fr. 50

LAFOND (Paul). — **Le Mobilier et l'art décoratif sous la République et l'Empire**, 1 vol. gr. in-4 jésus, avec 10 eaux-fortes originales de l'auteur, 75 dessins, par Maurice Magniant . . . . 40 fr.

LECOY DE LA MARCHE (A.). — **Histoire de la Peinture religieuse.** 1 beau vol. in-8, orné de 130 gravures, broché . . . 10 fr.

LIBONIS (L.). — **L'Ornement d'après les Maîtres.** Un magnifique volume in-4, contenant 753 motifs de décoration composés et dessinés spécialement pour la publication, broché . . . . 20 fr.

LOTH (Arthur). — **Les Cathédrales de France**, 1 vol. in-4 contenant 100 planches hors texte en phototypie (tirage à 800 exemplaires), relié . . . . 30 fr.

NOTOR (G.). — **La Femme dans l'antiquité grecque.** Texte et dessin de G. Notor, un magnifique volume in-4° renfermant 30 reproductions en couleurs et environ 300 dessins dans le texte d'après les documents des musées et collections particulières, broché . . . . 40 fr.

OTTIN (L.). — **Le Vitrail.** Son histoire, ses manifestations diverses, 4 planches en couleurs, 45 phototypies, 12 planches en teintes, hors texte, 219 gravures et nombreuses signatures, marques et monogrammes, suivi d'un Dictionnaire des peintres verriers français et étrangers. Un magnifique volume in-4, broché . . . . 35 fr.

PEYRE (Roger). — **Répertoire chronologique de l'Histoire universelle des Beaux-Arts**, 1 vol. in-8, permettant la vérification des dates, donnant la concordance de l'histoire des beaux-arts chez tous les peuples, terminé par une table alphabétique des 6 000 noms d'artistes, etc., cités dans l'ouvrage, broché . . . . 6 fr. Relié . . . . 7 fr. 50

RIAT (G.). — **Paris.** (Collection *les Villes d'Art célèbres*), vol. petit in-4, avec 144 gravures, broché . . . . 5 fr.

VERNEUIL (M.-P.). — **Dictionnaire des symboles, emblèmes et attributs**, à l'usage des artistes et amateurs. 1 vol. in-8. Au mot placé à son ordre alphabétique on trouve : 1° l'idée qu'il symbolise ; 2° la liste des choses qui peuvent le symboliser, broché . . . . 6 fr. Relié . . . . 7 fr. 50

ENVOI FRANCO CONTRE MANDAT-POSTE

ÉVREUX, IMPRIMERIE DE CHARLES HÉRISSEY

www.ingramcontent.com/pod-product-compliance
Lightning Source LLC
Chambersburg PA
CBHW070158230526
45471CB00002B/714